キータイピングは、人差し指から小指まで、合計8本の指で行うのが基本です。
各指が担当するキーは以下の通りです。
スムーズなタイピングが行えるように指のポジションを覚えましょう。

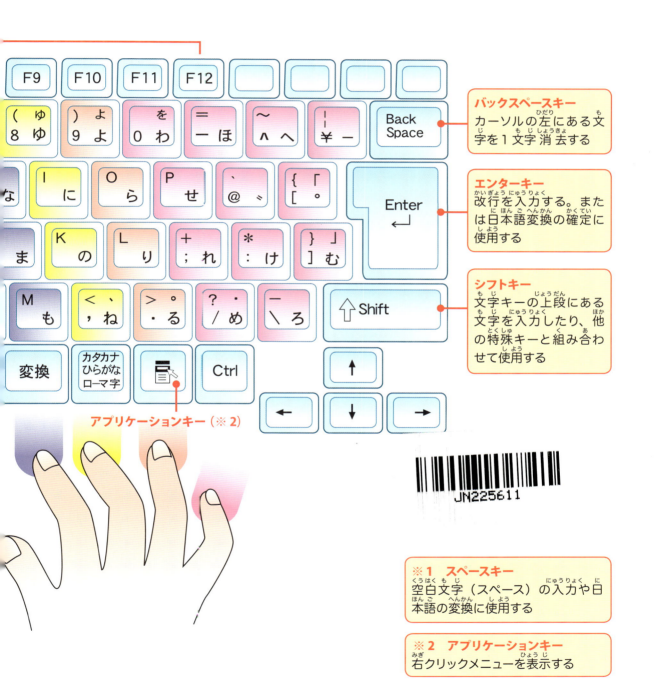

バックスペースキー
カーソルの左にある文字を1文字消去する

エンターキー
改行を入力する。または日本語変換の確定に使用する

シフトキー
文字キーの上段にある文字を入力したり、他の特殊キーと組み合わせて使用する

※1 **スペースキー**
空白文字（スペース）の入力や日本語の変換に使用する

※2 **アプリケーションキー**
右クリックメニューを表示する

留学生のための Word ドリルブック

Word 2016 対応

Step 01 パソコンとWordの基礎知識 6
- 1.1 パソコンの基礎知識 6
- 1.2 Wordの基礎知識 8

Step 02 日本語入力 9
- 2.1 文字の入力 9
- 2.2 日本語の入力と漢字変換 11
- 2.3 IMEパッド 13
- 2.4 辞書機能 14
- 2.5 予測変換 15
- 2.6 日本語入力の総合問題 16

Step 03 文字書式の設定 18
- 3.1 文字の書式設定 18
- 3.2 文字の書式設定の総合問題 21

Step 04 段落書式の設定 24
- 4.1 段落の配置 24
- 4.2 インデントと行間隔 24
- 4.3 箇条書きと段落番号 26
- 4.4 タブとリーダー 27
- 4.5 段落書式の総合問題 30

Step 05 検索・置換とコピー・貼り付けの操作 32

5.1 検索と置換 32
5.2 コピー・切り取り・貼り付け 34
5.3 総合問題 37

Step 06 表の作成と編集 38

6.1 表の挿入 38
6.2 罫線の種類の変更 40
6.3 列／行のサイズ調整とセルの結合・分割 41
6.4 表の総合問題 43

Step 07 画像の挿入 45

7.1 画像の挿入と文字列の折り返し 45
7.2 画像のコピーと調整 47
7.3 画像のトリミング 51
7.4 スクリーンショットの利用 53
7.5 画像の挿入の総合問題 54

Step 08 図形の作成 56

8.1 図形の描画と編集 56
8.2 文字の入力と編集 58
8.3 テキストボックスの挿入 60
8.4 図形の配置 61
8.5 図形の総合問題 65

Step 09 ワードアートの挿入 68

9.1 ワードアートの基本操作の確認 68

9.2 文字列をワードアートに変換 70

9.3 ワードアートの総合問題 72

Step 10 グラフの作成 74

10.1 基本操作の確認 74

10.2 グラフ要素の確認 77

10.3 グラフの作成の総合問題 78

Step 11 SmartArtの挿入 79

11.1 SmartArtの基本操作の確認 79

11.2 SmartArtの総合問題 84

Step 12 ページ設定と印刷 86

12.1 ヘッダー・フッター 86

12.2 余白 87

12.3 用紙サイズと印刷の向き 89

12.4 改ページ 90

12.5 その他の印刷設定 90

12.6 印刷設定と改ページの総合問題 91

Step 13 総合問題 92

13.1　総合問題1 92

13.2　総合問題2 94

13.3　総合問題3 97

13.4　総合問題4 100

本書に掲載している問題の「入力用ファイル」や「完成例のファイル」は、
以下の URL からダウンロードできます。

◆ Word ファイルのダウンロード URL
http://cutt.jp/books/978-4-87783-797-6/sample.zip

1.1 パソコンの基礎知識

1. パソコン機器について、各部の名称を答えましょう。

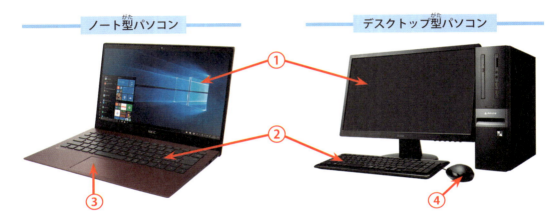

2. パソコンの初期画面（Windows10）について、各部の名称を答えましょう。

3. キーボードについて、各キーの名称を答えましょう。

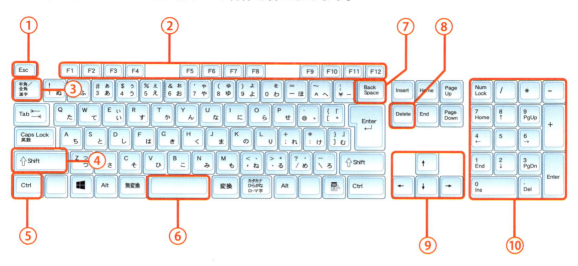

● 解答欄

1.

①	②	③	④

2.

①	②	③	④

3.

①	②	③	④
⑤	⑥	⑦	⑧
⑨	⑩		

Step 01　パソコンとWordの基礎知識

1.2 Wordの基礎知識

1. Wordについて、名称を（　）に答えましょう。

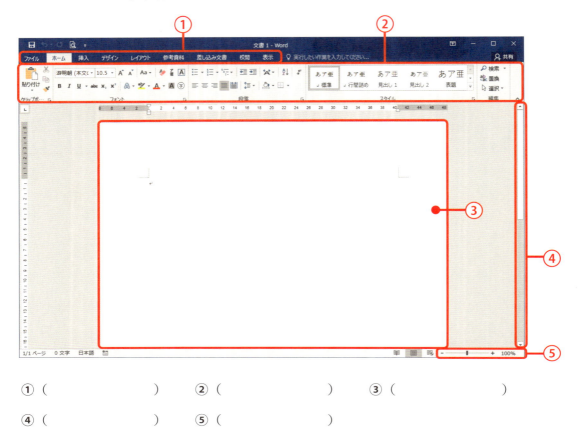

① （　　　　　　　　）　② （　　　　　　　　）　③ （　　　　　　　　）

④ （　　　　　　　　）　⑤ （　　　　　　　　）

2. Wordの起動方法を確認しましょう。

（1）Windowsのスタートメニューから Word を起動します。

（2）アプリケーションの一覧から Word を起動します。

（3）エクスプローラーから Word を起動します。

＜ 1.1 の解答＞

1. ①ディスプレイ　②キーボード　③タッチパッド　④マウス
2. ①デスクトップ　②スタートボタン　③スタートメニュー　④タスクバー
3. ①エスケープキー　②ファンクションキー　③半角／全角キー　④シフトキー　⑤コントロールキー　⑥スペースキー　⑦バックスペースキー　⑧デリートキー　⑨矢印キー　⑩テンキー

Step 02 日本語入力

2.1 文字の入力

1. 半角で小文字のアルファベットを入力しましょう。

   abcdefghijklmnopqrstuvwxyz

2. 半角で大文字のアルファベットを入力しましょう。

   ABCDEFGHIJKLMNOPQRSTUVWXYZ

3. 全角で小文字のアルファベットを入力しましょう。

   ａｂｃｄｅｆｇｈｉｊｋｌｍｎｏｐｑｒｓｔｕｖｗｘｙｚ

4. 全角で大文字のアルファベットを入力しましょう。

   ＡＢＣＤＥＦＧＨＩＪＫＬＭＮＯＰＱＲＳＴＵＶＷＸＹＺ

5. ひらがなの五十音表を作成しましょう。（巻末の「ローマ字一覧表」参照）

あいうえお	ぁぃぅぇぉ	がぎぐげご	ぎゃぎゅぎょ
かきくけこ	きゃきゅきょ	ざじずぜぞ	じゃじゅじょ
さしすせそ	しゃしゅしょ	だぢづでど	ぢゃぢゅぢょ
たちつてと	ちゃちゅちょ	ばびぶべぼ	びゃびゅびょ
なにぬねの	にゃにゅにょ	ぱぴぷぺぽ	ぴゃぴゅぴょ
はひふへほ	ひゃひゅひょ		
まみむめも	みゃみゅみょ		
やゆよ			
らりるれろ	りゃりゅりょ		
わをん			

MEMO

「あいうえお」や「ゃゅょ」といった小さい文字は、[X]→[A]や[L]→[A]のキーで入力できます。

MEMO

「ヴ」の文字は[V]→[U]のキーで入力できます。同様に、「ヴァ、ヴィ、ヴ、ヴェ、ヴォ」は[V]キーに続けて[A][I][U][E][O]のキーを押すと入力できます。外国の言葉を表現するときに使います。

（例）ヴァイオリン

6. 全角でカタカナの五十音表を作成しましょう。（巻末の「ローマ字一覧表」参照）

アイウエオ	ァィゥェォ	ガギグゲゴ	ギャギュギョ
カキクケコ	キャキュキョ	ザジズゼゾ	ジャジュジョ
サシスセソ	シャシュショ	ダヂヅデド	ヂャヂュヂョ
タチツテト	チャチュチョ	バビブベボ	ビャビュビョ
ナニヌネノ	ニャニュニョ	パピプペポ	ピャピュピョ
ハヒフヘホ	ヒャヒュヒョ		
マミムメモ	ミャミュミョ		
ヤユヨ			
ラリルレロ	リャリュリョ		
ワヲン			

7. 半角でカタカナの五十音表を作成しましょう。（巻末の「ローマ字一覧表」参照）

アイウエオ	ｱｨｩｪｫ	ｶﾞｷﾞｸﾞｹﾞｺﾞ	ｷﾞｬｷﾞｭｷﾞｮ
カキクケコ	ｷｬｷｭｷｮ	ｻﾞｼﾞｽﾞｾﾞｿﾞ	ｼﾞｬｼﾞｭｼﾞｮ
サシスセソ	ｼｬｼｭｼｮ	ﾀﾞﾁﾞﾂﾞﾃﾞﾄﾞ	ﾁﾞｬﾁﾞｭﾁﾞｮ
タチツテト	ﾁｬﾁｭﾁｮ	ﾊﾞﾋﾞﾌﾞﾍﾞﾎﾞ	ﾋﾞｬﾋﾞｭﾋﾞｮ
ナニヌネノ	ﾆｬﾆｭﾆｮ	ﾊﾟﾋﾟﾌﾟﾍﾟﾎﾟ	ﾋﾟｬﾋﾟｭﾋﾟｮ
ハヒフヘホ	ﾋｬﾋｭﾋｮ		
マミムメモ	ﾐｬﾐｭﾐｮ		
ヤユヨ			
ラリルレロ	ﾘｬﾘｭﾘｮ		

MEMO

半角文字の場合、濁点（ ゙）や半濁点（ ゚）は半角文字の1文字分です。

8. 半角で数字の 1 から 10 を入力しましょう。

    12345678910

> **MEMO**
> 数字はテンキーで入力できます。

9. 全角で数字の 1 から 10 を入力しましょう。

    １２３４５６７８９１０

10. 特殊文字を入力しましょう。

    ① ?><+*{}@「」`!"#$%&'()=~|-^¥　　　　　　　　（半角）

    ② ？＞＜＋＊ {} ＠「」‘！“＃＄％＆’（） ＝～｜－＾￥（全角）

2.2 日本語の入力と漢字変換

1. 次の言葉をひらがなで入力しましょう。

    ① はい　　　　　　いいえ
    ② おはよう　　　　こんにちは　　　こんばんは
    ③ いただきます　　ごちそうさまでした
    ④ さようなら　　　ばいばい
    ⑤ いってきます　　おかえりなさい
    ⑥ いらっしゃいませ　　　ありがとうございます

2. 次の言葉を漢字で入力しましょう。

    ① はる　　なつ　　あき　　ふゆ
    ② はれ　　あめ　　くもり　ゆき
    ③ うめ　　もも　　さくら
    ④ あさ　　ひる　　よる
    ⑤ たいよう　　つき　　　ほし
    ⑥ がっこう　　じゅぎょう　　しゅくだい

Step 02　日本語入力　**11**

3. 次の漢字を入力しましょう。

① 絵画　　芸術　　技術
② 郵便局　警察署　消防署
③ 耳鼻科　小児科　外科　内科
④ 暖かい　涼しい　暑い　冷たい　寒い
⑤ 嬉しい　悲しい　寂しい　悔しい

4. 次の漢字を入力しましょう。

① お父さん　お母さん　お兄さん　お姉さん　妹　　弟
② 教科書　　鉛筆　　　図書館
③ 東京都　　大阪府　　北海道　　沖縄県
④ 旅行　　　観光　　　飛行機　　新幹線　　往復切符
⑤ 価格　　　割引　　　費用　　　料金

5. 次のカタカナを入力しましょう。

① ハンバーガー　　　　コーラ　　　ポテトチップス
② チョコレートケーキ　　アイスクリーム
③ バナナ　　ストロベリー　　パパイヤ　　リンゴ　　スイカ
④ パソコン　　マウス　　　キーボード　　ディスプレイ
⑤ メール　　　アドレス　　ツイッター　　フェイスブック

2.3 IMEパッド

1. 次の漢字を入力しましょう。

　　① 熊　　鹿　　兎
　　② 鮪　　鯨　　鮫

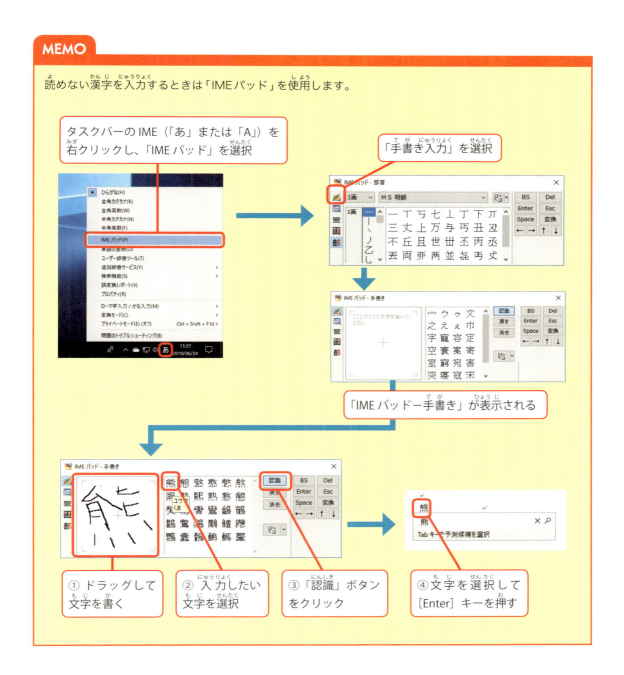

2.4 辞書機能

1. 同音異義語を入力しましょう。

   (1) ① <u>いし</u>を投げる。　② <u>いし</u>に相談する。

   (2) ① 車が<u>こしょう</u>した。　② <u>こしょう</u>をかけて食べる

   (3) ① <u>かみ</u>をのばす。　② <u>かみ</u>に書く。

   (4) ① <u>はし</u>で食べる。　② <u>はし</u>を渡る。

   (5) ① <u>あめ</u>が降る。　② <u>あめ</u>は甘い。

   (6) ① <u>はな</u>を飾る。　② <u>はな</u>がつまる。

   (7) ① <u>むし</u>を捕まえる。　② 信号を<u>むし</u>する。

   (8) ① <u>じしん</u>に備える。　② 合格する<u>じしん</u>がある。

   (9) ① お茶が<u>あつい</u>。　② 夏は<u>あつい</u>。

   (10) ① 写真を<u>うつす</u>。　② 住所を<u>うつす</u>。

MEMO

同音異義語（同じ読み方で意味が違う言葉）を入力するときには辞書が表示されます。意味を確認して、漢字を選びましょう。

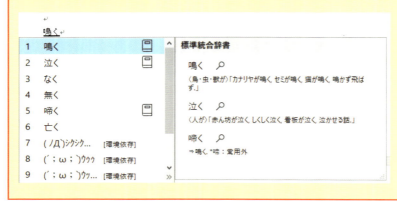

2.5 予測変換（よそくへんかん）

1. 四字熟語を入力しましょう。（ ）のひらがなを入力すると、変換候補に出てきます。

    (1) 一期一会（いちご）
    (2) 電光石火（でんこう）
    (3) 一石二鳥（いっせ）
    (4) 五里霧中（ごりむ）
    (5) 以心伝心（いしん）

2. ことわざを入力しましょう。

    (1) 犬も歩けば棒に当たる（いぬも）
    (2) 井の中の蛙大海を知らず（いのな）
    (3) 猫に小判（ねこに）
    (4) 弘法も筆の誤り（こうぼうも）
    (5) 雨降って地固まる（あめふ）

MEMO

四字熟語、ことわざ、慣用句など、よく使う言葉は、3～4文字くらい入力すると変換候補が表示されます。この機能を予測変換といいます。

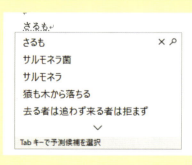

Step 02　日本語入力　| 15

2.6 日本語入力の総合問題

1. ＿＿＿を漢字にしましょう。

① けさはかぜをひいてしまい、あたまがいたかった。

② むずかしいかんじはじしょでしらべる。

③ きかいがこしょうしたので、しゅうりした。

④ にほんはしょうしこうれいかしゃかいである。

⑤ しゅうしょくかつどうのため、めんせつのれんしゅうをする。

2. 次の文を入力しましょう。

① 今日は朝から雪が降っています。

② 少し暖かくなり、梅が咲き始めました。

③ 春には桜の花の下で、お花見をします。

④ ゴールデンウィークは連休で、海外に出かける人も多くいます。

⑤ 七夕祭りでは笹の葉を飾り、願い事をします。

⑥ 海でバーベキューをして、花火を見ます。

⑦ 近くの温泉に行き、お酒を飲みながら、月を見ます。

⑧ この公園は大きな木が多く、赤や黄色の紅葉が楽しめます。

⑨ ハロウィンパーティーでは魔女の仮装をしました。

⑩ 12月31日を大晦日と言います。

3. 次の文の誤りを訂正しましょう。

① 桜を咲きます。

② 公園に花見をしています。

③ 暑いので、窓を開いています。

④ 試験はたいして難しかったです。

⑤ 日本の会社に働きます。

⑥ 東京から大阪において、雨が降っています。

⑦ 弟に荷物を持ちます。

⑧ この料理は見た目もきれいくて、おいしいです。

⑨ 父は眼鏡をかけたながら、お風呂に入ります。

⑩ 忙しいだから、日曜日に勉強します。

＜ 2.4 の解答＞

(1) ① 石　　② 医師　　(2) ① 故障　　② 胡椒　　(3) ① 髪　　② 紙

(4) ① 箸　　② 橋　　(5) ① 雨　　② 飴　　(6) ① 花　　② 鼻

(7) ① 虫　　② 無視　　(8) ① 地震　　② 自信　　(9) ① 熱い　　② 暑い

(10) ① 写す　　② 移す

＜ 2.6 の解答＞

1. ① 今朝は風邪をひいてしまい、頭が痛かった。
   ② 難しい漢字は辞書で調べる。
   ③ 機械が故障したので、修理した。
   ④ 日本は少子高齢化社会である。
   ⑤ 就職活動のため、面接の練習をする。

3. ① 桜が咲きます。
   ② 公園で花見をしています。
   ③ 暑いので、窓を開けています。
   ④ 試験はたいして難しくなかったです。
   ⑤ 日本の会社で働きます。
   ⑥ 東京から大阪にかけて、雨が降っています。
   ⑦ 弟が荷物を持ちます。/ 弟に荷物を持たせます。
   ⑧ この料理は見た目もきれいで、おいしいです。
   ⑨ 父は眼鏡をかけながら、お風呂に入ります。
   ⑩ 忙しいので、日曜日に勉強します。

Step 02　日本語入力　**17**

Step 03 文字書式の設定

3.1 文字の書式設定

「こんにちは日本」「JAPAN」「12345」と入力し、書式を変更しましょう。

1. 文字の大きさを変更しましょう。

   （1）8pt にしましょう。

   「こんにちは日本」「JAPAN」「12345」

   （2）48pt にしましょう。

   # 「こんにちは日本」「JAPAN」「12345」

   （3）25pt にしましょう。

   「こんにちは日本」「JAPAN」「12345」

2. 文字のフォントを変更しましょう。

   （1）「MS ゴシック」にしましょう。

   「こんにちは日本」「JAPAN」「12345」

   （2）「HGP 創英角ポップ体」にしましょう。

   「こんにちは日本」「JAPAN」「12345」

   （3）「HGP 教科書体」にしましょう。

   「こんにちは日本」「JAPAN」「12345」

18

（4）「HGP 行書体」にしましょう。

「こんにちは日本」「JAPAN」「12345」

（5）好きな書体に変えましょう。

「こんにちは日本」「JAPAN」「12345」（HG 丸ゴシック M-PRO）

「こんにちは日本」「JAPAN」「12345」（メイリオ）

3. 太字にしましょう。

「こんにちは日本」「JAPAN」「12345」

4. 斜体にしましょう。

「こんにちは日本」「JAPAN」「12345」

5. 下線を引きましょう。

（1）一本の下線を引きましょう。

<u>「こんにちは日本」「JAPAN」「12345」</u>

（2）二重の下線を引きましょう。

<u>「こんにちは日本」「JAPAN」「12345」</u>

（3）波の下線を引きましょう。

<u>「こんにちは日本」「JAPAN」「12345」</u>

（4）下線の色を赤に変更しましょう。

<u>「こんにちは日本」「JAPAN」「12345」</u>

（5）上記（4）をコピーして下線を取り消しましょう。

「こんにちは日本」「JAPAN」「12345」

Step 03　文字書式の設定

6. 取り消し線を引きましょう。

~~「こんにちは日本」~~ ~~「JAPAN」~~ ~~「12345」~~

7. 文字の色を変更しましょう。

(1) 赤にしましょう。

「こんにちは日本」 「JAPAN」 「12345」

(2) ピンクにしましょう（「その他の色」から選びます）。

「こんにちは日本」 「JAPAN」 「12345」

8. ルビをつけましょう。

(1) かなでルビをつけましょう。

「こんにちは日本」 「JAPAN」 「12345」

(2) カタカナでルビをつけましょう。

「こんにちは日本」 「JAPAN」 「12345」

9. 「囲み線」で囲みましょう。

「こんにちは日本」 「JAPAN」 「12345」

10. 蛍光ペンでマークしましょう。

(1) 黄色の蛍光ペンでマークしましょう。

「こんにちは日本」 「JAPAN」 「12345」

(2) 水色の蛍光ペンでマークしましょう。

「こんにちは日本」 「JAPAN」 「12345」

11. 網かけにしましょう。

「こんにちは日本」 「JAPAN」 「12345」

3.2 文字の書式設定の総合問題

1. 次の文章を作成しましょう。

＜完成例＞

> 2020 年東京オリンピック・パラリンピック
>
> 2020 年にオリンピック・パラリンピック競技大会が東京で開催されます。東京では 1964 年以来、56 年ぶりのオリンピックです。オリンピックは 2020 年 7 月 24 日（金）～ 8 月 9 日（日）の日程で、パラリンピックは 2020 年 8 月 25 日（火）～ 9 月 6 日（日）の日程で開催されます。

＜手順＞

（1）次の文を入力しましょう。

> 2020 年東京オリンピック・パラリンピック
>
> 2020 年にオリンピック・パラリンピック競技大会が東京で開催されます。東京では 1964 年以来、56 年ぶりのオリンピックです。オリンピックは 2020 年 7 月 24 日（金）～ 8 月 9 日（日）の日程で、パラリンピックは 2020 年 8 月 25 日（火）～ 9 月 6 日（日）の日程で開催されます。

（2）文字の書体をすべて「MS ゴシック」、10.5pt に変更しましょう。

（3）「2020 年」の文字の大きさを 12pt にして、太字にしましょう。

（4）「オリンピック」の文字の色を青、「パラリンピック」の文字の色を緑にして、太字にしましょう。

（5）「東京」の文字に赤い二重の下線を引きましょう。

（6）「2020 年 7 月 24 日（金）～ 8 月 9 日（日）」と「2020 年 8 月 25 日（火）～ 9 月 6 日（日）」に黄色の蛍光ペンでマークしましょう。

Step 03　文字書式の設定　**21**

2. 次の文章を作成しましょう。

＜ 完成例 ＞

> ## 日本の島
>
> 日本は、北海道、本州、四国、九州の大きい4つの島と、そのほかの小さな島で構成される。
>
> ## 日本の面積
>
> 日本の面積は、約 *37万8千*平方キロメートルである。
>
> ## 日本の自然
>
> 日本は山が多く、約 *3分の2* は森林である。ほとんどの地域は、春・夏・秋・冬 の四季がある。

＜ 手順 ＞

（1） 次の文を入力しましょう。

日本の島
日本は、北海道、本州、四国、九州の大きい4つの島と、そのほかの小さな島で構成される。

日本の面積
日本の面積は、約37万8千平方キロメートルである。

日本の自然
日本は山が多く、約3分の2は森林である。ほとんどの地域は、春・夏・秋・冬の四季がある。

（2） 次の表のとおり書式を設定しましょう。

NO	対象	フォント	サイズ	その他
1	日本の島	HGP 創英角ポップ体	18	色：ピンク、波下線
2	日本の面積			
3	日本の自然			
4	北海道、本州、四国、九州			かなのルビ、太字
5	37 万 8 千	MS ゴシック	14	斜体
6	日本の面積			「日本の」に取り消し線
7	3 分の 2	MS ゴシック	14	斜体
8	春・夏・秋・冬			季節を□で囲む

Step 03　文字書式の設定

Step 04 段落書式の設定

4.1 段落の配置

1. 「今日は日曜日」と入力して、段落の配置を変更しましょう。

   (1) 最初は「両端揃え」になっています。

> 今日は日曜日↵

   (2) 「右揃え」にしましょう。

> 今日は日曜日↵

   (3) 「中央揃え」にしましょう。

> 今日は日曜日↵

   (4) 「均等割り付け」にしましょう。

> 今　　　日　　　は　　　日　　　曜　　　日↵

   (5) 文字列の幅を 10 字に指定した「均等割り付け」にしましょう。

> 今　日　は　日　曜　日↵

4.2 インデントと行間隔

1. 次のように入力して「インデント」と「行間隔」を変更しましょう。

昨日は土曜日
今日は日曜日
明日は月曜日
明後日は火曜日

24

(1)「今日は日曜日」に左インデント3字を設定しましょう。

```
昨日は土曜日
　　　今日は日曜日
明日は月曜日
明後日は火曜日
```

(2)「今日は日曜日」の段落前の間隔を0.5行にしましょう。

```
昨日は土曜日

　　　今日は日曜日
明日は月曜日
明後日は火曜日
```

(3)「明日は月曜日」と「明後日は火曜日」の行間隔を1.5行にしましょう。

```
昨日は土曜日

　　　今日は日曜日
明日は月曜日

明後日は火曜日
```

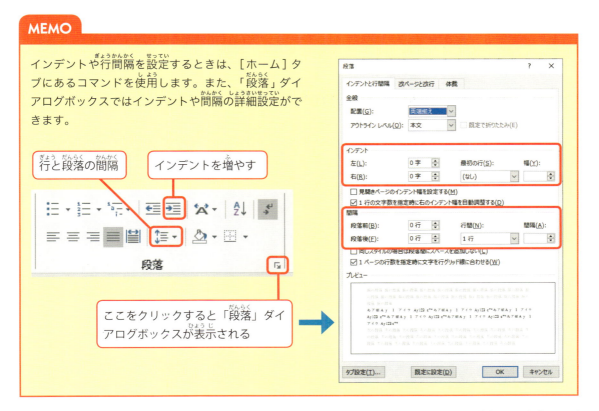

MEMO

インデントや行間隔を設定するときは、[ホーム]タブにあるコマンドを使用します。また、「段落」ダイアログボックスではインデントや間隔の詳細設定ができます。

4.3 箇条書きと段落番号

1. 新規文書を作成し、「箇条書き」と「段落番号」を設定しましょう。

(1) 次の文を入力しましょう。

北海道・東北・山形・秋田新幹線
はやぶさ
はやて
やまびこ
なすの
つばさ
こまち
東海道新幹線
のぞみ
ひかり
こだま

(2) 「北海道・東北・山形・秋田新幹線」と「東海道新幹線」のフォントをMSPゴシック、太字、フォントサイズを12ptにし、■の箇条書きを設定しましょう。

■　北海道・東北・山形・秋田新幹線
はやぶさ
はやて
やまびこ
なすの
つばさ
こまち
■　東海道新幹線
のぞみ
ひかり
こだま

（3）新幹線名を選択し、段落番号を設定しましょう。「のぞみ」の番号が「7」から始まった場合は、「のぞみ」の上で右クリックし、「1から再開」を選びましょう。

■　北海道・東北・山形・秋田新幹線
1.　はやぶさ
2.　はやて
3.　やまびこ
4.　なすの
5.　つばさ
6.　こまち
■　東海道新幹線
1.　のぞみ
2.　ひかり
3.　こだま

4.4　タブとリーダー

1.　新規文書を作成し、段落に「タブとリーダー」を設定しましょう。

〈 手順 〉

（1）次の文を入力しましょう。

野菜の価格リスト

きゅうり3本98円
ミニトマト1パック265円
レタス一玉150円
ナス3本180円
ネギ3本198円
ニンジン2本98円
じゃがいも1袋180円

（2）「きゅうり」から「じゃがいも」までの段落を選択しましょう。

（3）選んだ段落の上で右クリックし、「段落」を選択しましょう。

Step 04　段落書式の設定　**27**

(4) 「段落」ダイアログボックスにある[タブ設定]ボタンをクリックし、「タブとリーダー」ダイアログボックスで右揃えタブ20字、リーダーの種類（5）を設定しましょう。

(5) 各段落の料金の数字の前をクリックし、[Tab]キーを押しましょう。

＜完成例＞

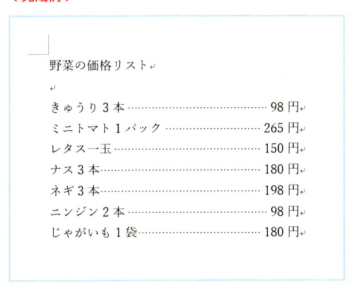

MEMO

「タブとリーダー」は以下の手順で設定します。

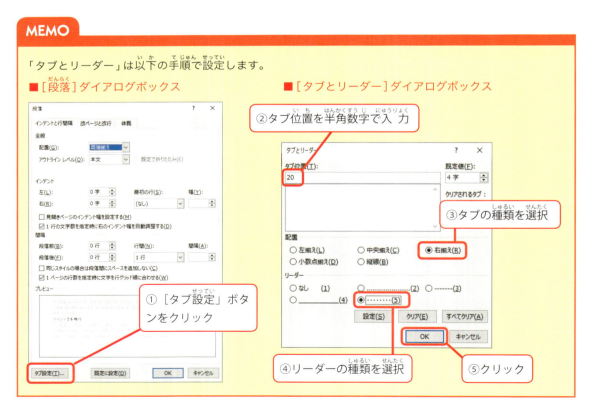

28

MEMO

タブを設定するときは、「編集記号」と「ルーラー」を表示するようにしましょう。「どの位置にタブが設定されているか？」がわかりやすくなります。

● [ホーム] タブの「編集記号の表示/非表示」をオン

「編集記号の表示/非表示」をオンにすると、タブが挿入されている位置に → （タブ記号）が表示されます。

● [表示] タブの「ルーラー」をオン

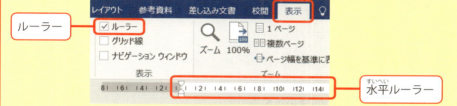

水平ルーラー上でタブマーカーの位置を確認できます。

4.5 段落書式の総合問題

1. ファイル「STEP4-5_入力.docx」を開き、文書を編集しましょう。

＜完成例＞

フォトブックは **つばさカメラ** におまかせ！

あなたが撮った素敵な写真で、思い出に残るフォトブックを作りましょう。編集ソフトを使えば、たくさんの写真の中から自動でレイアウトも OK。

つばさカメラのフォトブックは多彩なレイアウトや可愛いイラストも多数ご用意しています。あなただけのオリジナルな 1 冊が作れます。

デザインは次の 3 種類から選べます

❖ スタンダード　　　シンプルなデザイン

❖ ナチュラル　　　　優しく落ち着いた色合い

❖ スイート　　　　　結婚式や新婚旅行の写真にぴったり

Web サイトで注文できるフォトブックの作り方

1. つばさカメラの Web サイトから編集ソフトをダウンロードする

2. 編集ソフトを起動し、フォトブックのタイプを 3 つの中から選ぶ

　① ハードカバータイプ

　② ソフトカバータイプ

　③ リングタイプ

3. フォトブックに入れるお好きな写真を選ぶ

4. 表紙のデザインとレイアウト、ページ数を決める

5. 画像の編集・文字やイラストを追加する

6. 注文する

＜手順＞

（1）『フォトブックは「つばさカメラ」におまかせ！』のフォントサイズを 16pt、中央揃えにし、下線を設定しましょう。

（2）「つばさカメラ」のフォントサイズを 24pt、太字にしましょう。

（3）「あなたが撮った素敵な写真……」から「……オリジナルな 1 冊が作れます。」の段落に次の設定をしましょう。

 ・段落前の間隔：0.5 行
 ・字下げのインデント：1 字

（4）「デザインは次の 3 種類から選べます」と「Web サイトで注文できるフォトブックの作り方」に太字を設定しましょう。

（5）「スタンダード」「ナチュラル」「スイート」の段落に次の設定をしましょう。

 ・行間：1.5 行
 ・左揃えタブ：12 字
 ・任意の箇条書き

（6）「つばさカメラの Web サイト……」から「注文する」までの段落に、段落番号を設定し、行間を 1.5 行にしましょう。

（7）「ハードカバータイプ」「ソフトカバータイプ」「リングタイプ」の段落を選び、「段落番号」から①②③の番号を選びましょう。

（8）①②③の段落を選び、左インデントを 1 字にしましょう。

（9）「表紙のデザインとレイアウト、ページ数を決める」の後ろで［Enter］キーを押し、「画像の編集・文字やイラストを追加する」と入力しましょう。

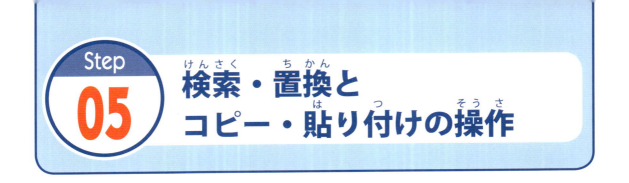

5.1 検索と置換

1. 「STEP5-1_入力.docx」を開き、以下の手順で「検索」と「置換」の練習をしましょう。

   (1) 「さくら」の文字を検索し、何件あるか確認しましょう。

   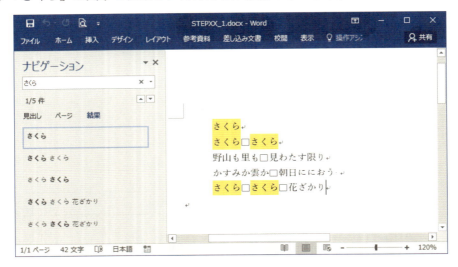

   (2) 「さくら」を「桜」に置換しましょう。

MEMO

文字を検索するときは、[ホーム]タブにある「検索」をクリックし、ナビゲーションウィンドウに「検索したい文字列」を入力します。

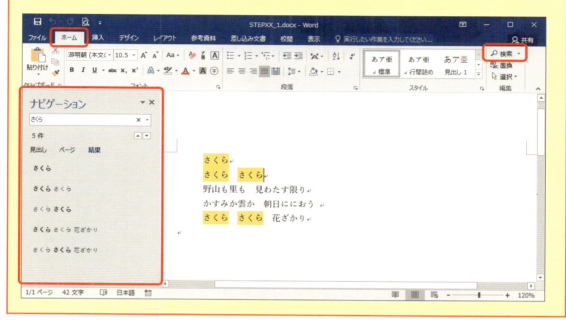

MEMO

文字を置換するときは、[ホーム]タブにある「置換」をクリックし、「検索と置換」ダイアログボックスに「検索する文字列」と「置換後の文字列」を入力します。すべて置換する場合は、[すべて置換]ボタンを使用します。ひとつずつ確認しながら置換する場合は、[次を検索]ボタンと[置換]ボタンを使用します。

5.2 コピー・切り取り・貼り付け

1. 「STEP5-2_入力.docx」を開き、以下の手順で「コピー・切り取り・貼り付け」の練習をしましょう。

   (1) 3行目の「海は」をコピーして、5行目の「大波　青い波」の前に貼り付けましょう。

   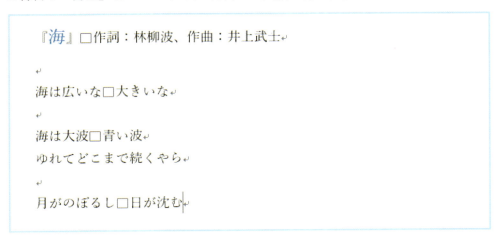

   (2) 8行目の「月がのぼるし　日が沈む」を切り取り、4行目に貼り付けましょう。

MEMO

コピー・切り取り・貼り付けの各操作は、以下のアイコンまたはショートカットキーで実行できます。

操作	アイコン	ショートカットキー
コピー	📋	［CTRL］＋［C］キー
切り取り	✂	［CTRL］＋［X］キー
貼り付け	📋	［CTRL］＋［V］キー

2. 続いて、書式の「コピー・貼り付け」の練習をしましょう。

（1） 1行目の「海」の書式をコピーし、「海は広いな　大きいな」と「ゆれてどこまで続くやら」に書式を貼り付けましょう。

> 『海』　作詞：林柳波、作曲：井上武士↵
>
> ↵
>
> 海は広いな　大きいな↵
>
> 月がのぼるし　日が沈む↵
>
> ↵
>
> 海は大波　青い波↵
>
> ゆれてどこまで続くやら↵

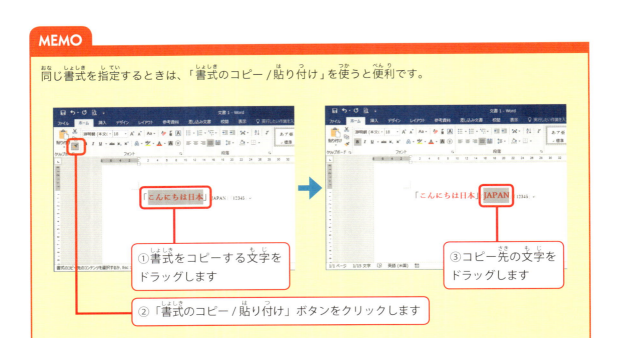

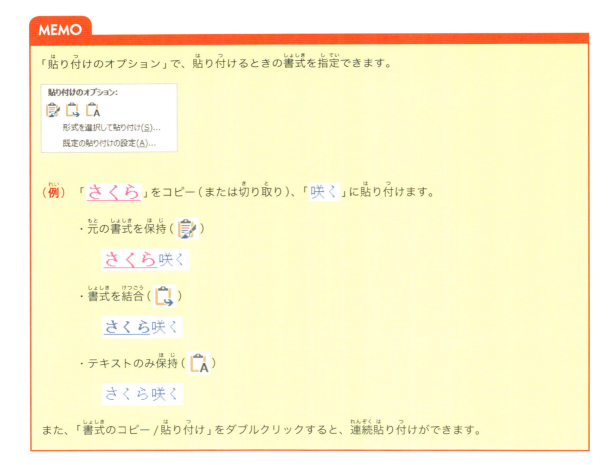

5.3 総合問題

1. 「STEP5-3_入力.docx」を開き、以下の手順で編集しましょう。

＜手順＞

(1) 「社長さん」を「水兵さん」に置換しましょう。

(2) 1番の歌詞の「白い帽子　白いシャツ　白い服」をコピーし、2番と3番の歌詞の2行目に貼り付けましょう。

(3) 1行目の「かもめの水兵さん」（タイトル）の書式をコピーし、1番、2番、3番の歌詞の1行目全体に貼り付けましょう。

(4) 1番の歌詞の「チャップチャップ」の書式をコピーし、2番、3番の「チャップチャップ」に貼り付けましょう。

＜完成例＞

（編集前）

かもめの水兵さん
作詞：武内俊子　作曲：河村光陽

1.
かもめの社長さん　並んだ社長さん
白い帽子　白いシャツ　白い服
波にチャップチャップ　浮かんでる

2.
かもめの社長さん　駆け足社長さん
波をチャップチャップ　越えていく

3.
かもめの社長さん　ずぶ濡れ社長さん
波でチャップチャップ　お洗濯

4.
かもめの社長さん　仲良し社長さん
波にチャップチャップ　揺れている

（編集後）

かもめの水兵さん
作詞：武内俊子　作曲：河村光陽

1.
かもめの水兵さん　並んだ水兵さん
白い帽子　白いシャツ　白い服
波にチャップチャップ　浮かんでる

2.
かもめの水兵さん　駆け足水兵さん
白い帽子　白いシャツ　白い服
波をチャップチャップ　越えていく

3.
かもめの水兵さん　ずぶ濡れ水兵さん
白い帽子　白いシャツ　白い服
波でチャップチャップ　お洗濯

4.
かもめの水兵さん　仲良し水兵さん
白い帽子　白いシャツ　白い服
波にチャップチャップ　揺れている

Step 06 表の作成と編集

6.1 表の挿入

1. 新規文書に、次の手順で表を作成しましょう。

　(1) 2行×4列の表を挿入しましょう。

　(2) 下図のようにタイトル行を入力しましょう。

JLPT 合格人数	N2	N3	N4

　(3) 3行追加して、5行×4列の表にしましょう。

　(4) 下図のようにデータを入力しましょう。

JLPT 合格人数	N2	N3	N4
2019年　7月	13	16	8
2018年12月	11	10	12
2017年　7月	8	9	7
2017年12月	20	15	7

　(5) 下図のように「N1」の列を追加しましょう。

JLPT 合格人数	N1	N2	N3	N4
2019年　7月	5	13	16	8
2018年12月	3	11	10	12
2017年　7月	0	8	9	7
2017年12月	1	20	15	7

38

（6）下図のように「2018年7月」の行を追加しましょう。

JLPT 合格人数	N1	N2	N3	N4	
2019 年　7 月	5	13	16	8	
2018 年 12 月	3	11	10	12	
2018 年　7 月	6	17	20	5	
2017 年　7 月	0	8	9	7	
2017 年 12 月	1	20	15	7	

（7）「2017年7月」と「2017年12月」の行を入れ替えましょう。

JLPT 合格人数	N1	N2	N3	N4	
2019 年　7 月	5	13	16	8	
2018 年 12 月	3	11	10	12	
2018 年　7 月	6	17	20	5	
2017 年 12 月	1	20	15	7	
2017 年 7 月	0	8	9	7	

（8）タイトル行を中央揃えにしましょう。

（9）タイトル行以外を右揃えにしましょう。

JLPT 合格人数	N1	N2	N3	N4	
2019 年　7 月	5	13	16	8	
2018 年 12 月	3	11	10	12	
2018 年　7 月	6	17	20	5	
2017 年 12 月	1	20	15	7	
2017 年　7 月	0	8	9	7	

（10）タイトル行を太字にして、セルの背景色を黄色にしましょう。

JLPT 合格人数	**N1**	**N2**	**N3**	**N4**	
2019 年　7 月	5	13	16	8	
2018 年 12 月	3	11	10	12	
2018 年　7 月	6	17	20	5	
2017 年 12 月	1	20	15	7	
2017 年　7 月	0	8	9	7	

6.2 罫線の種類の変更

1. 「6.1　表の挿入」で作成した表を次のように編集しましょう。

（1）内側の罫線を点線にしましょう。

（2）「タイトル行」の下の罫線を二重線にしましょう。

JLPT 合格人数	N1	N2	N3	N4
2019 年　7 月	5	13	16	8
2018 年 12 月	3	11	10	12
2018 年　7 月	6	17	20	5
2017 年 12 月	1	20	15	7
2017 年　7 月	0	8	9	7

（3）「左端の列」の右側の罫線を一重線にしましょう。

JLPT 合格人数	N1	N2	N3	N4
2019 年　7 月	5	13	16	8
2018 年 12 月	3	11	10	12
2018 年　7 月	6	17	20	5
2017 年 12 月	1	20	15	7
2017 年　7 月	0	8	9	7

（4）「JLPT 合格人数」を消し、斜め罫線（右下がり）を引きましょう。

	N1	N2	N3	N4
2019 年　7 月	5	13	16	8
2018 年 12 月	3	11	10	12
2018 年　7 月	6	17	20	5
2017 年 12 月	1	20	15	7
2017 年　7 月	0	8	9	7

40

6.3 列／行のサイズ調整とセルの結合・分割

1. 「6.2　罫線の種類の変更」で作成した表を次のように編集しましょう。

(1)「2 〜 5 列目」の幅を 20mm にしましょう。

(2)「2 〜 6 行目」の高さを 8mm にしましょう。

	N1	N2	N3	N4
2019 年　7 月	5	13	16	8
2018 年 12 月	3	11	10	12
2018 年　7 月	6	17	20	5
2017 年 12 月	1	20	15	7
2017 年　7 月	0	8	9	7

(3)「1 行目」の上に行を追加しましょう。

	N1	N2	N3	N4
2019 年　7 月	5	13	16	8
2018 年 12 月	3	11	10	12
2018 年　7 月	6	17	20	5
2017 年 12 月	1	20	15	7
2017 年　7 月	0	8	9	7

(4)「1 列目の 1 〜 2 行目」のセルを結合しましょう。

	N1	N2	N3	N4
2019 年　7 月	5	13	16	8
2018 年 12 月	3	11	10	12
2018 年　7 月	6	17	20	5
2017 年 12 月	1	20	15	7
2017 年　7 月	0	8	9	7

Step 06　表の作成と編集　41

（5）「1行目の2～5列目」のセルを結合し、「JLPT合格者数」と入力しましょう。

	JLPT 合格者数			
	N1	N2	N3	N4
2019 年　7 月	5	13	16	8
2018 年 12 月	3	11	10	12
2018 年　7 月	6	17	20	5
2017 年 12 月	1	20	15	7
2017 年　7 月	0	8	9	7

（6）「1列目の1行目」のセルを2行1列に分割しましょう。

		JLPT 合格者数			
		N1	N2	N3	N4
2019 年　7 月		5	13	16	8
2018 年 12 月		3	11	10	12
2018 年　7 月		6	17	20	5
2017 年 12 月		1	20	15	7
2017 年　7 月		0	8	9	7

（7）「1行目の1～5列目」を結合しましょう。

JLPT 合格者数				
	N1	N2	N3	N4
2019 年　7 月	5	13	16	8
2018 年 12 月	3	11	10	12
2018 年　7 月	6	17	20	5
2017 年 12 月	1	20	15	7
2017 年　7 月	0	8	9	7

（8）「1 行目」の斜め線を消しましょう。

JLPT 合格者数				
	N1	N2	N3	N4
2019 年　7 月	5	13	16	8
2018 年 12 月	3	11	10	12
2018 年　7 月	6	17	20	5
2017 年 12 月	1	20	15	7
2017 年　7 月	0	8	9	7

6.4　表の総合問題

1.　新規文書に、次の手順で表を作成しましょう。

＜ 手順 ＞

（1）表を挿入し、下図のように文字を入力しましょう。

お得な旅はフォレストツアーにおまかせ♪ お問い合わせ・ご予約は・・・	
パソコン	http://travel.forest.co.jp
スマホ	各ホテルや旅館の予約コードからアクセス
電話	予約専用ダイヤル□0120-777-9999 （受付 時間10:00～20:00）
Web なら 24時間いつでも受け付けていま す！	

（2）表 全体のフォントをメイリオにしましょう。

（3）「1 行目」と「5 行目」のセルをそれぞれ結合し、フォントサイズを 16pt にしましょう。また、結合したセルに任意の色の「塗りつぶし」を設定しましょう。

（4）「1 列目」の幅を＜完成例＞のように狭くしましょう。

（5）「パソコン」「スマホ」「電話」に「均等割り付け」を設定しましょう。

（6）5 行目の高さを広げ、文字列の配置を「両端揃え（中央)」にしましょう。

（7）外枠の罫線の太さを 1.5pt にしましょう。

(8) 表の右下にあるハンドルをドラッグして表のサイズを変更し、表を用紙の中央に配置しましょう。

＜完成例＞

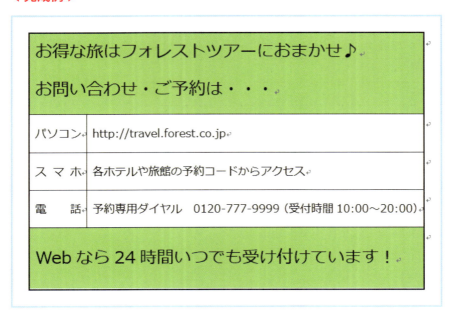

MEMO

表を用紙の中央に配置するときは「表の移動ハンドル」をクリックして表全体を選択し、［ホーム］タブにある「中央揃え」をクリックします。表のサイズを変更するときは、表の右下にある「サイズ変更ハンドル」をドラッグします。

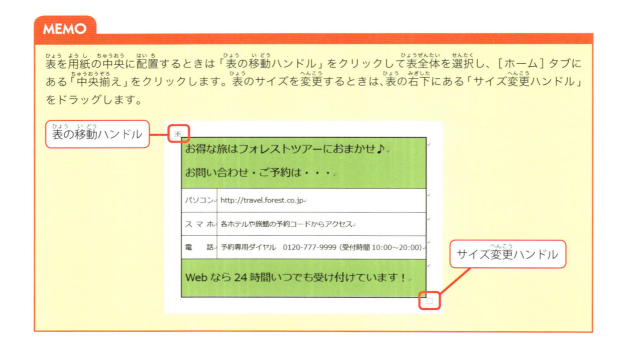

Step 07 画像の挿入

7.1 画像の挿入と文字列の折り返し

1. 以下の手順で「文字列の折り返し」(レイアウト オプション)の指定方法を確認しましょう。

   (1) 「STEP7-1_入力.docx」を開き、文書の先頭に「ホヌ.jpg」の画像を挿入しましょう。

   (2) 「文字列の折り返し」が「行内」であることを確認しましょう。

(3) 画像を「1段落目の最後」に移動しましょう。

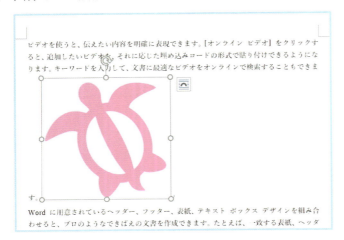

(4) 「文字列の折り返し」を「四角形」に変更しましょう。その後、画像を上下左右に移動して、文字と画像の配置を確認しましょう。

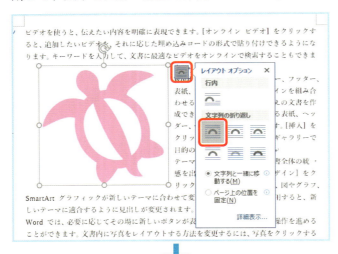

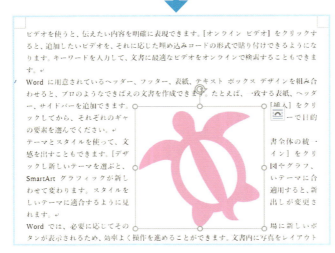

7.2 画像のコピーと調整

1. 以下の手順で「画像のコピー」や「画像の調整」について確認しましょう。

   (1) 新規文書に画像「ホヌ .jpg」を挿入しましょう。その後、「文字列の折り返し」を「前面」に変更しましょう。

   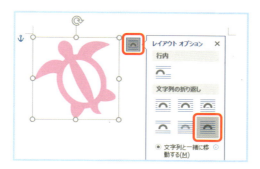

   (2) 画像を3つコピーしましょう。

   (3) 「図の形式」タブにある「修整」で、明るさやコントラストを変更しましょう。

   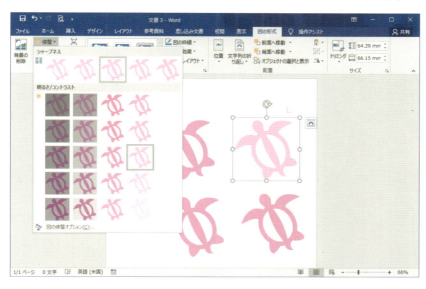

Step 07 画像の挿入 | **47**

(4) ［図の形式］タブにある「色」で、画像の色を変更しましょう。

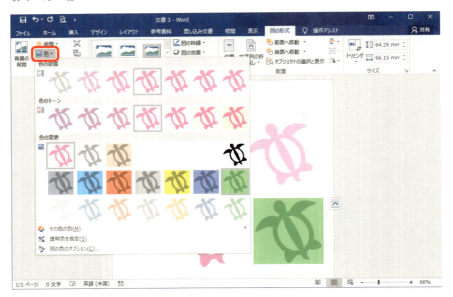

(5) ［図の形式］タブにある「アート効果」で、アート効果を追加しましょう。

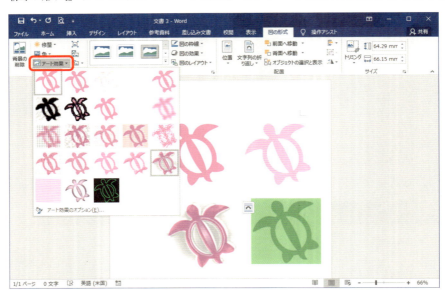

(6) ［図の形式］タブにある「背景の削除」を使って、画像の背景を削除しましょう。

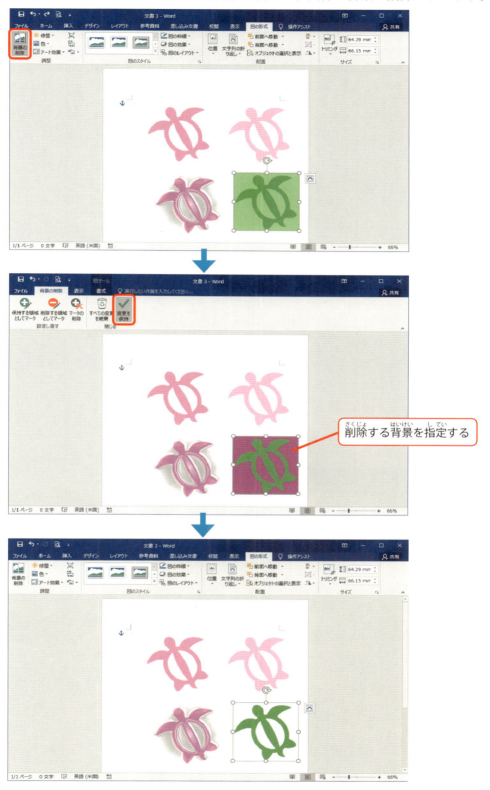

2. 続いて、以下の手順で「図のスタイル」の指定方法を確認しましょう。

(1) ［図の形式］タブにある「図の枠線」で、図に枠線を設定しましょう。

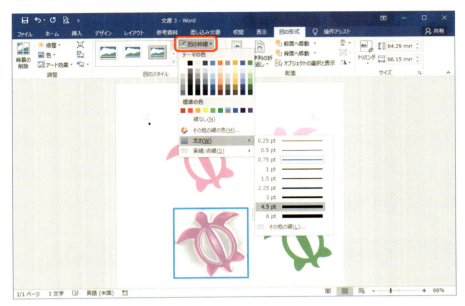

(2) ［図の形式］タブにある「図の効果」で、次の効果を設定しましょう。
　　　　影：オフセット（右下）
　　　　光彩：11pt、青（アクセントカラー5）
　　　　面取り：丸
　　　　3-D回転：等角投影（上）

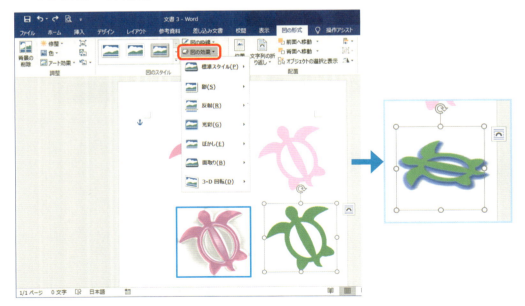

（3）［図の形式］タブにある「図のスタイル」で、「透視投影、面取り」のスタイルを設定しましょう。

7.3 画像のトリミング

1. 以下の手順で「トリミング」の指定方法を確認しましょう。

（1）新規文書に画像「ホヌ .jpg」を挿入しましょう。その後、「文字列の折り返し」を「前面」に変更しましょう。

（2）画像を1つコピーし、それぞれの画像に以下の色を付けましょう。
- オレンジ、アクセント2(濃)
- 緑、アクセント6（濃）

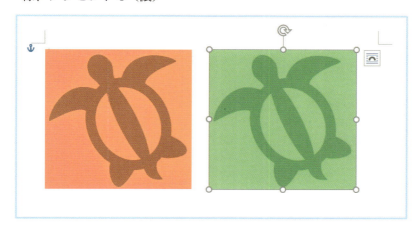

Step 07 画像の挿入

(3) ［図の形式］タブにある「トリミング」で画像をトリミングしましょう。左の画像は下半分、右の画像は上半分を消しましょう。

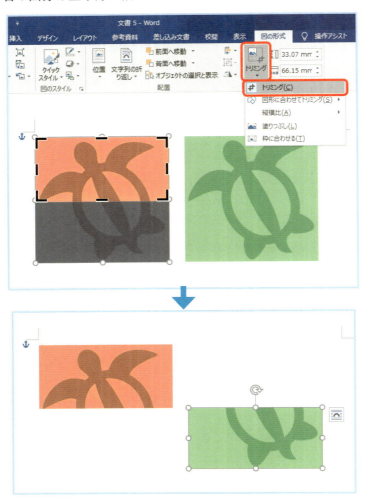

(4) 左右の画像を合わせて、グループ化しましょう。

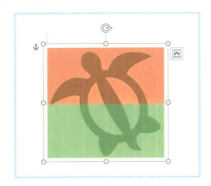

7.4 スクリーンショットの利用

1. 「スクリーンショット」を利用して他のアプリケーションの画面の一部を挿入してみましょう。

    (1) 「STEP7-4_入力.docx」を開きましょう。

    (2) エクスプローラーで「ひまわりロゴ.png」をダブルクリックして開きましょう。

    (3) Wordに切り替え、[挿入] タブにある「スクリーンショット」をクリックし、「画面の領域」をクリックしましょう。

    > **MEMO**
    >
    > 「スクリーンショット」とは、別のアプリケーション（WebブラウザやExcelなど）で開いているウィンドウ全体やウィンドウ内の一部分を「画像」として貼り付ける機能のことです。

    (4) 画面が白くなったら、「ひまわりロゴ」の文字の部分を囲むようにドラッグしましょう。

(5) 挿入された画像の「文字列の折り返し」を「前面」に変更しましょう。

(6) 最初から配置されていた「四角形」の上に「ひまわりロゴ」を重ね、グループ化しましょう。

7.5 画像の挿入の総合問題

1. ファイル「STEP7-5_入力.docx」(用紙サイズ:「はがきサイズ」を設定済み)を開き、以下の手順で編集しましょう。

＜手順＞

(1) エクスプローラーで「暑中見舞いロゴ.png」をダブルクリックして開きましょう。

(2) Wordに切り替え、1行目にカーソルがある状態で[挿入]タブにある「スクリーンショット」をクリックし、「画面の領域」をクリックしましょう。

(3) 画面が白くなったら、「暑中見舞いロゴ」の「SUMMER GREETING」の部分だけを囲むようにドラッグしましょう。

(4) Wordに挿入された画像の「文字列の折り返し」を「前面」に変更し、サイズと位置を調整しましょう。

(5) 「毎日暑い日が続いていますが、お元気ですか?」の後ろをクリックし、「ひまわり.jpg」の画像を挿入しましょう。

(6)「ひまわり」の画像の明るさとコントラストを修整しましょう。［図の形式］タブにある「修整」を使って、「明るさ：0％（標準）、コントラスト：＋20％」を設定しましょう。

(7)「ひまわり」の画像の「文字列の折り返し」を「四角形」に変更し、サイズと位置を調整しましょう。

(8)「ひまわり」の画像に図の枠線を設定しましょう。枠線の色は黄色、3ptの太さにしましょう。

◀ 完成例 ▶

8.1 図形の描画と編集

1. 以下の手順で「図形の描画と編集」について確認しましょう。

   (1)「四角形」の図形を描き、ハンドルをドラッグしてサイズを大きくしましょう。

   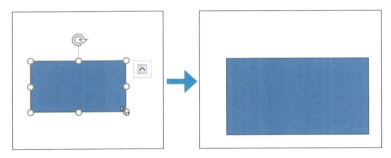

   (2) ［図形の書式］タブにある「図形の塗りつぶし」をクリックし、「四角形」の色をオレンジにしましょう。

   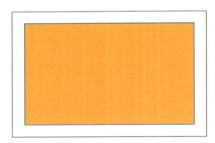

   (3) ［図形の書式］タブにある「図形の枠線」をクリックし、「四角形」の枠線の色を赤、太さを3ptにしましょう

   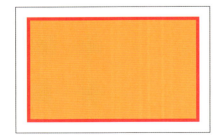

(4) ［図形の書式］タブにある「図形の効果」をクリックし、「影」→「外側：オフセット（下）」を設定しましょう。

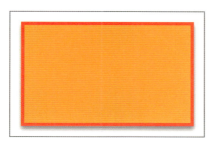

2, 以下の手順で「線の描画と編集」について確認しましょう。

(1)「直線」を描きましょう。

(2) ［図形の書式］タブにある「図形の枠線」をクリックし、「直線」の太さを3ptに設定しましょう。

(3) ［図形の書式］タブにある「図形の枠線」をクリックし、「直線」の色を赤にしましょう。

(4) ［図形の書式］タブにある「図形の枠線」をクリックし、「実線／点線」→「点線（丸）」を設定しましょう。

(5)「矢印」を描きましょう。

(6) 「矢印」の太さを 6pt にしましょう。

(7) ［図形の書式］タブにある「図形の枠線」をクリックし、「矢印」→「矢印スタイル 2」を設定しましょう。

8.2　文字の入力と編集

1, 以下の手順で「図形内の文字入力」について確認しましょう。

 (1) 「吹き出し：角を丸めた四角形」を描きましょう。

 (2) 「吹き出し」の中に「おはようございます」と入力しましょう。

(3)「吹き出し」の調整ハンドルをドラッグして、向きを変更しましょう。

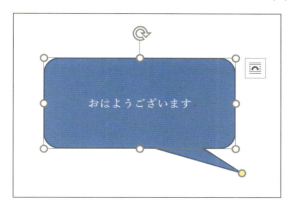

(4)「吹き出し」に「図形のスタイル」(パステル－オレンジ、アクセント 2)を設定し、フォントを「HGP創英角ポップ体」、フォントサイズを 14pt、フォントの色を青にしましょう。

(5)[図形の書式]タブにある「文字の配置」で文字を上揃えにし、さらに[ホーム]タブにある「左揃え」で文字を左揃えにしましょう。

8.3 テキストボックスの挿入

1. 以下の手順で「テキストボックスの編集」について確認しましょう。

    (1) ［挿入］タブにある「テキストボックス」から「横書きテキストボックスの描画」をクリックし、横長の四角形を描きましょう。

    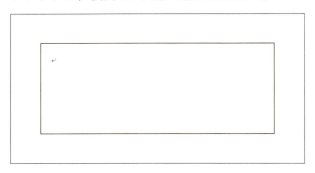

    (2) 「今日は朝から雨が降っています。関東地方はまもなく梅雨入りです。」と入力しましょう。

    (3) ［図形の書式］タブにある「文字の配置」で、「上下中央揃え」を設定しましょう。

(4)「図形の塗りつぶし」を「塗りつぶしなし」、「図形の枠線」を「枠線なし」にしましょう。

> 今日は朝から雨が降っています。関東地方はまもなく梅雨入りです。

8.4 図形の配置

1. 以下の手順で「図形の配置」について確認しましょう。

   (1)「楕円」の図形を使って真円（完全な円）を描きましょう。真円を描くときは［Shift］キーを押しながらドラッグします。

   (2) 円を2つコピーしましょう。コピーするときは、［Ctrl］キーを押しながらドラッグします。

   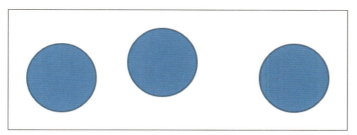

Step 08 図形の作成 | 61

（3）［図形の書式］タブにある「配置」を使って、3つの円をきれいに配置しましょう。
3つの円を選択して「下揃え」を指定したあと、「左右に整列」を指定しましょう。

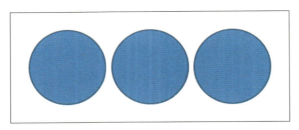

（4）3つの円をグループ化しましょう。

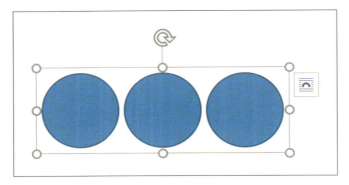

（5）3つの円に任意の色を設定しましょう。

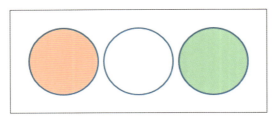

（6）円の上に「角丸四角形」（四角形：角を丸くする）の図形を描きましょう。その後、図形の色を「ゴールド、アクセント4」にしましょう。

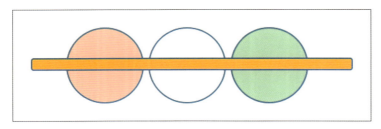

（7）［図形の書式］タブにある「背面へ移動」を使用し、「角丸四角形」を円の後ろに配置しましょう。その後、全体をグループ化しましょう。

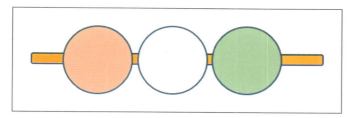

（8）回転ハンドルを使って、グループ化した図形を回転させましょう。

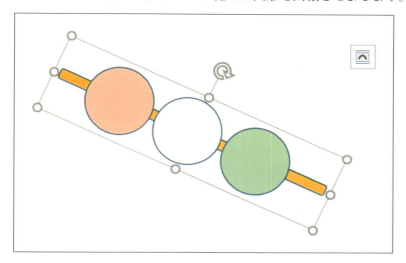

（9）「楕円」を2つ重ねて皿を描き、団子を盛りましょう。その後、全体をグループ化しましょう。

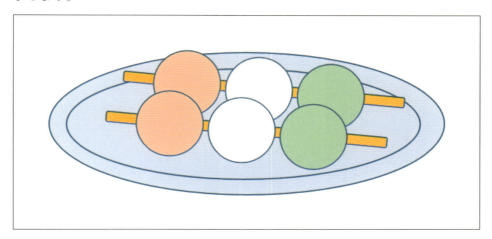

MEMO

複数の図形を1つの図形にすることを「グループ化」といいます。図形をグループ化すると、まとめて移動したり、コピーしたり、サイズを変更したりできます。

(1) 複数の図形を選択するときは、[Ctrl]キーまたは[Shift]キーを押しながら図形を順番にクリックし、すべての図形にハンドルを表示します。

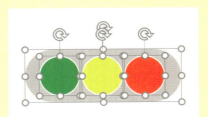

(2) [図形の書式]タブにある「グループ化」をクリックし、「グループ化」を選びます。

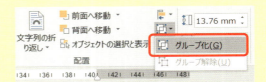

(3) 図形がグループ化されます。

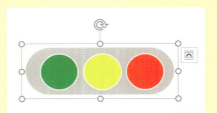

8.5 図形の総合問題

1. 図形を使用して、次のような新規文書を作成しましょう。

　＜完成例＞

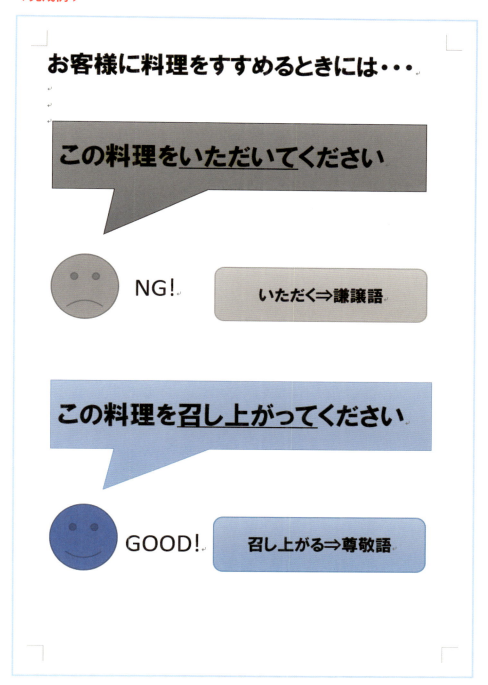

＜手順＞

(1) 1行目に「お客様に料理をすすめるときには・・・」と入力し、フォントを「HGP 創英角ゴシック UB」、フォントサイズを 26pt にしましょう。

(2) 「吹き出し：四角形」の図形を挿入しましょう。

① 「吹き出し」の中に「この料理をいただいてください」と入力しましょう。

② フォントを「HGP 創英角ゴシック UB」、フォントサイズを 28pt に変更し、「いただいて」に下線を設定しましょう。

③ 「吹き出し」に、図形のスタイル「パステル－黒、濃色 1」を設定し、調整ハンドル（黄色のハンドル）をドラッグして向きを調整しましょう。

(3) 「スマイル」の図形を挿入しましょう。

① 口の部分の調整ハンドルを上方向にドラッグして、口の向きを変更しましょう。

② 図形のスタイル「塗りつぶし－50％　灰色、アクセント 3」を設定し、枠線の太さを 1.5pt にしましょう。

(4) 「横書きテキストボックス」を挿入しましょう。

① 半角文字で「NG!」と入力し、フォントを「Calibri」、フォントサイズを 28pt にしましょう。

② 「横書きテキストボックス」の色を「塗りつぶしなし」、枠線を「枠線なし」に変更しましょう。

(5) 「角丸四角形」（四角形：角を丸くする）の図形を挿入しましょう。

① 「いただく⇒謙譲語」と入力しましょう。フォントを「HGP 創英角ゴシックUB」、フォントサイズを 18pt にしましょう。

② 「角丸四角形」に、図形のスタイル「パステル－50％　灰色、アクセント 3」を設定し、枠線の太さを 1.5pt にしましょう。

(6) 手順（2）で描いた「吹き出し」の図形をコピーしましょう。

① 「いただいて」を「召し上がって」に修正しましょう。

② 「吹き出し」に、図形のスタイル「パステル－青、アクセント 1」を設定しましょう。

（7）手順（3）で描いた「スマイル」の図形をコピーしましょう。

① 口の部分の調整ハンドルを下方向にドラッグして、口の向きを変更しましょう。

② 図形のスタイル「塗りつぶし－青、アクセント 1」を設定し、枠線の太さを 1.5pt にしましょう。

（8）手順（4）で描いた「横書きテキストボックス」をコピーしましょう。

① 半角文字で「GOOD!」と入力しましょう。

（9）手順（5）で描いた「角丸四角形」の図形をコピーしましょう。

①「召し上がる⇒尊敬語」と入力しましょう。

②「角丸四角形」に、図形のスタイル「パステル－青、アクセント 1」を設定し、枠線の太さを 1.5pt にしましょう。

（10）完成例を見て、必要に応じて位置やサイズを調整しましょう。

Step 09 ワードアートの挿入

9.1 ワードアートの基本操作の確認

1. 新規文書に、以下の手順で「ワードアート」を挿入しましょう。

    (1) ワードアートを挿入しましょう。ワードアートのスタイルには「塗りつぶし：青、アクセントカラー1；影」を選びましょう。

    (2) 「ここに文字を入力」を消して、「ハロウィンパーティー」と入力しましょう。

    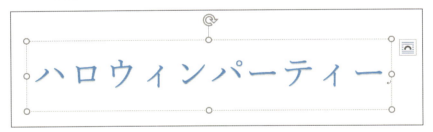

    (3) ワードアートのフォントをメイリオ、フォントサイズを28pt、フォントの色をオレンジに変更しましょう。

（4）「文字の効果」から「光彩」を選び、「18pt、ゴールド、アクセントカラー 4」を設定しましょう。

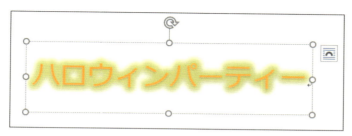

（5）「文字の効果」から「変形」を選び、「小波：下から上」を設定しましょう。

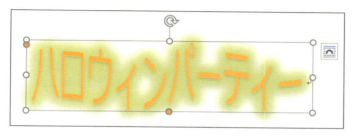

（6）ワードアートを任意の場所に移動しましょう。

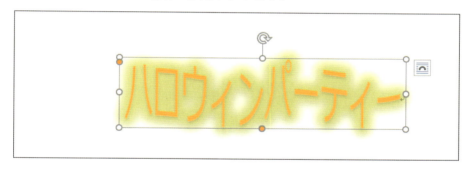

MEMO

［図形の書式］タブの「ワードアートのスタイル」にあるコマンドを使うことで、さまざまな編集ができます。［図形の書式］タブは、ワードアートを選択すると表示されます。

Step 09　ワードアートの挿入　**69**

MEMO

ワードアートを移動するときは、ワードアートをクリックして選択し、枠線にマウスポインタをあわせます。マウスポインタが「矢印の形」になったのを確認してからマウスをドラッグすると、ワードアートを移動できます。

9.2 文字列をワードアートに変換

1. 新規文書に文字列を入力し、以下の手順でワードアートに変換しましょう。

   (1)「クリスマスパーティー」と入力しましょう。

   (2)「クリスマスパーティー」の文字列を選択し、[挿入] タブにある「ワードアートの挿入」をクリックしましょう。ワードアートのスタイルには「塗りつぶし（グラデーション）：青、アクセントカラー5；反射」を設定しましょう。

（3）ワードアートのフォントを「HGP創英角ゴシックUB」、フォントサイズを28pt、フォントの色を赤にしましょう。

（4）文字列の先頭に「2020年」を追加しましょう。

（5）「文字の輪郭」を緑に変更し、太さを2.25ptにしましょう。

（6）「文字の効果」から「3-D回転」を選び、「不等角投影1：右」を設定しましょう。

9.3 ワードアートの総合問題

1. 「STEP9-3_入力.docx」を開き、ワードアートを編集しましょう。

＜完成例＞

![完成例]

＜手順＞

（1）1行目の「富士登山について」を選択し、ワードアートに変換しましょう。ワードアートのスタイルには、以下の図に示したスタイルを設定しましょう。

(2) フォントを「HG丸ゴシック M-PRO」、「文字の塗りつぶし」を「薄い灰色、背景2」、文字の輪郭を「濃い青」にしましょう。

(3) ワードアートの「文字列の折り返し」に「上下」を設定しましょう。

(4) ワードアートを用紙の中央に配置しましょう。

(5) 最終行に新規のワードアートを挿入しましょう。任意のスタイルを選び、「無理をしないで安全に登山をしましょう！」と入力しましょう。

(6) フォントを「HGP ゴシック E」、フォントサイズを 22pt にしましょう。

(7) 「文字の効果」から「変形」を選び、ワードアートを「凹レンズ」の形に変形させましょう。

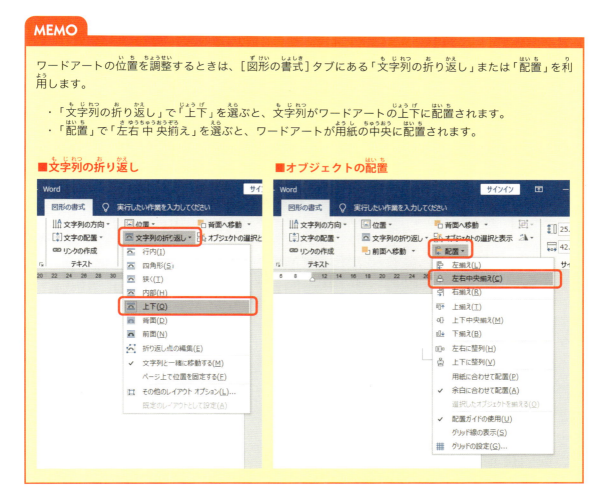

Step 10 グラフの作成

10.1 基本操作の確認

1. 天気について調査した結果を、以下の手順で縦棒グラフにしましょう。

   (1) ［挿入］タブにある「グラフ」をクリックし、文書に「縦棒グラフ」（集合縦棒）を挿入しましょう。

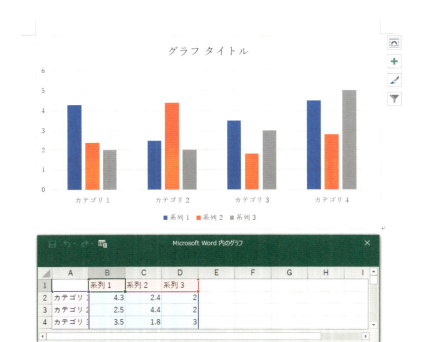

   (2) 次のようにグラフのデータを入力しましょう。

   > **MEMO**
   > 縦軸は系列、横軸はカテゴリに対応しています。

(3) グラフタイトルを「お天気調査」に変更しましょう。

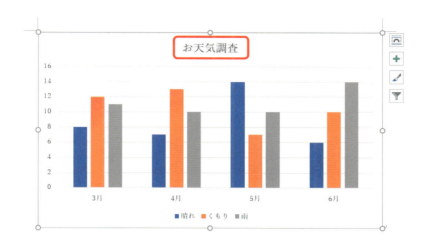

MEMO

系列が凡例になります。

(4) ［グラフのデザイン］タブにある「グラフ要素を追加」を使用して、縦軸と横軸に「軸ラベル」を追加しましょう。

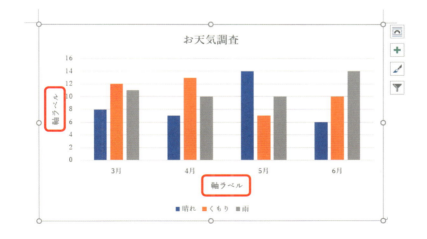

（5）縦軸の軸ラベルを「日数」、横軸の軸ラベルを「月」に変更し、縦軸の「文字列の方向」を「縦書き」にしましょう。

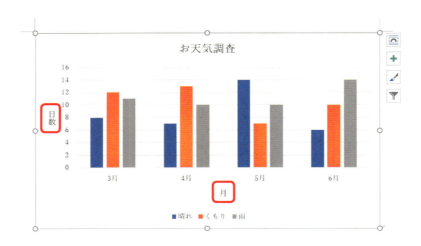

> **MEMO**
>
> 軸ラベルの「文字列の方向」を変更するときは、変更したい軸ラベルをクリックして選択し、［書式］タブにある「選択対象の書式設定」をクリックします。すると、画面右側に「軸ラベルの書式設定」が表示されるので、ここで「文字列の方向」を変更します。
>
>

（6）［グラフのデザイン］タブにある「グラフ要素を追加」を使用して、「データラベル」を外側に追加しましょう。

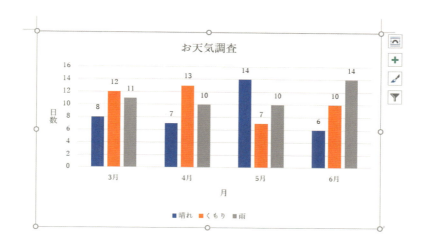

10.2 グラフ要素の確認

1. グラフ要素の名前を下記から選んで答えましょう。

| 軸（縦） | 軸（横） | 軸ラベル（縦） | 軸ラベル（横） |
| グラフタイトル | データラベル | 目盛線 | 凡例 |

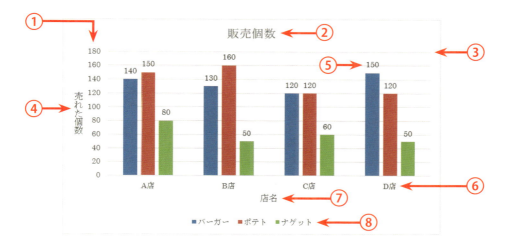

● 解答欄

①	②	③	④
⑤	⑥	⑦	⑧

Step 10　グラフの作成　**77**

10.3 グラフの作成の総合問題

1. Aさんの日本語能力試験の結果をもとに、次のようなグラフを作成しましょう。

■ Aさんの日本語能力試験結果

試験	言語知識	読解	聴解
N3	40	35	52
N2（1回目）	32	25	30
N2（2回目）	38	32	38
N1（1回目）	22	18	37

■ グラフのデザイン

グラフの種類 .... 縦棒グラフ
グラフタイトル .... 「日本語能力試験結果」
データラベル .... 中央
凡例 .... 右
軸ラベル（縦）.... 点数（縦書き）
軸ラベル（横）.... 受験回
グラフの色 カラフルなパレット4

＜完成例＞

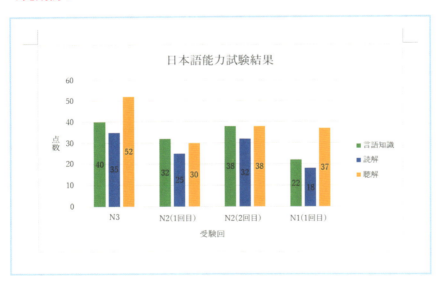

＜10.2 の解答＞

1. ①軸（縦） ②グラフタイトル ③目盛線 ④軸ラベル(縦)
   ⑤データラベル ⑥軸（横） ⑦軸ラベル（横） ⑧凡例

Step 11 SmartArtの挿入

11.1 SmartArtの基本操作の確認

1. 新規文書に、以下の手順でSmartArtを挿入しましょう。

    (1) ［挿入］タブにある「SmartArt」をクリックし、「循環」－「基本の循環」を挿入しましょう。

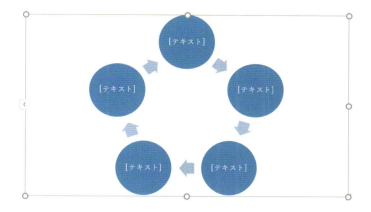

    (2) ［SmartArtのデザイン］タブにある「テキストウィンドウ」をクリックし、テキストウィンドウを表示しましょう。続いて、箇条書きの部分に「月」から「金」まで文字を入力しましょう。

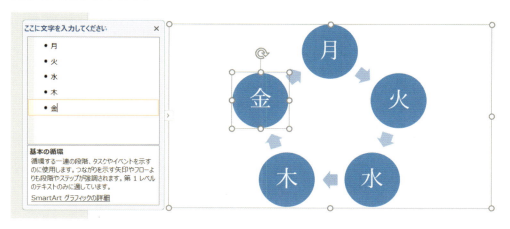

(3)「金」の後ろで［Enter］キーを押すと、箇条書きの「・」が追加されます。ここに「土」と入力しましょう。図形も追加されます。

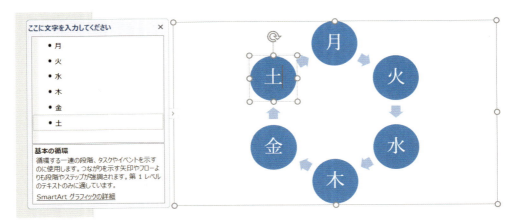

(4)「土」の後ろで［Enter］キーを押し、「日」と入力しましょう。さらに、「日」の後ろでも［Enter］キーを押しましょう。

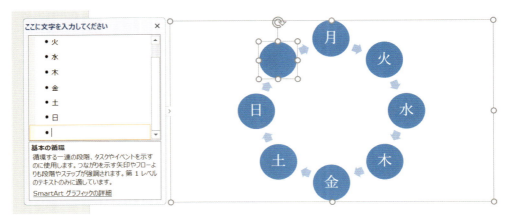

(5)［Back space］キーで余分な箇条書きの「・」を削除しましょう。図形も削除されます。

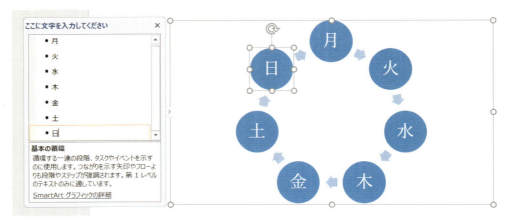

（6）［×］をクリックしてテキストウィンドウを閉じましょう。

（7）［SmartArtのデザイン］タブにある「色の変更」をクリックし、「カラフル－アクセント5から6」を設定しましょう。

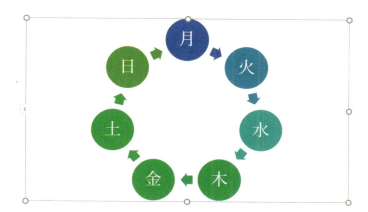

（8）［SmartArtのデザイン］タブにある「SmartArtのスタイル」で「立体グラデーション」を設定しましょう。

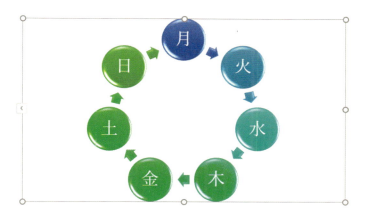

（9） SmartArt の外枠をクリックして SmartArt 全体を選択し、フォントをメイリオ、フォントサイズを 20pt にしましょう。

（10）［SmartArt のデザイン］タブにある「レイアウト」を使って、SmartArt の種類を「ボックス循環」に変更しましょう。

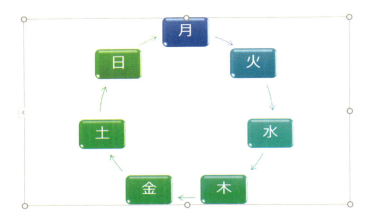

（11） SmartArt 全体のサイズを小さくしましょう。

（12）SmartArtの「文字列の折り返し」を「前面」に変更し、任意の位置に移動しましょう。

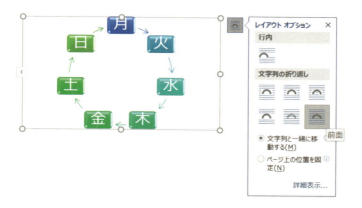

MEMO

SmartArtを編集するときは、［SmartArtのデザイン］タブや［書式］タブを使います。これらのタブは、SmartArtをクリックして選択すると表示されます。

［SmartArtのデザイン］タブにある「テキストウィンドウ」をクリックすると、テキストウィンドウが表示されます。テキストウィンドウでは、図形に文字を入力したり、図形を追加・削除したりできます。

■テキストウィンドウ

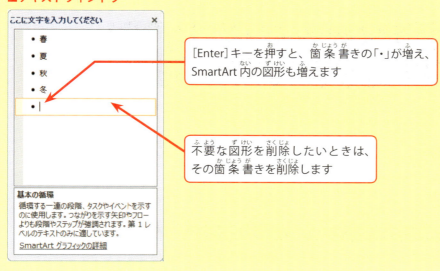

[Enter]キーを押すと、箇条書きの「・」が増え、SmartArt内の図形も増えます

不要な図形を削除したいときは、その箇条書きを削除します

11.2 SmartArtの総合問題

1. 「STEP11-2_入力.docx」を開き、以下の図のように編集しましょう。

   ＜完成例＞

‹手順›

（1）「新茶の特徴」の次の行に、「集合関係」－「横方向ベン図」の SmartArt を挿入しましょう。

（2）テキストウィンドウを表示し、上から順番に「さわやかな香り」、「マイルドな甘み」、「あざやかな色」と入力しましょう。不要な図形は削除しましょう。

（3）SmartArt のフォントをメイリオ、フォントサイズを 18pt にしましょう。

（4）「色の変更」を使って、SmartArt の色を「グラデーション　透過－アクセント 6」に変更しましょう。

（5）「SmartArt のスタイル」を「立体グラデーション」にしましょう。

（6）「……京都府などです。」の次の行に、「リスト」－「表型リスト」の SmartArt を挿入しましょう。

（7）テキストウィンドウを表示し、上から順番に「代表的な日本茶」、「静岡茶」、「鹿児島茶」、「伊勢茶」を入力しましょう。

（8）「伊勢茶」の後ろで［Enter］キーを押し、「宇治茶」を追加しましょう。

（9）SmartArt のフォントをメイリオ、フォントサイズを 20pt にしましょう。

（10）「色の変更」を使って、SmartArt の色を「枠線のみ－濃色 2」に変更しましょう。

Step 11　SmartArt の挿入　**85**

ページ設定と印刷

12.1 ヘッダー・フッター

1. 以下の手順で「ヘッダー・フッター」の編集方法を確認しましょう。

   (1) ヘッダー（空白3か所）を挿入し、下図のように編集しましょう。

   (2) 下図のように、「インテグラル」のフッターを挿入しましょう。

   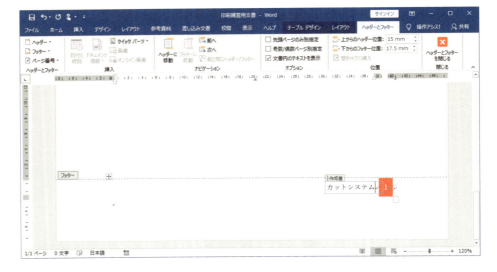

(3)「インテグラル」のフッターを削除し、「太字の番号2」のページ番号を挿入しましょう。

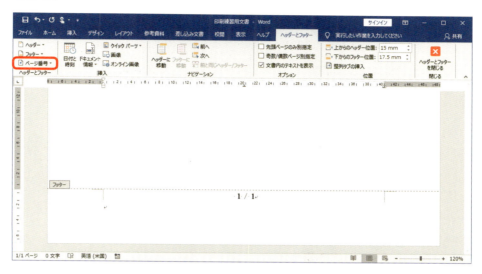

12.2 余白

1. 「STEP12-2_入力.docx」を開き、以下のように余白の設定を変更してページのイメージを確認しましょう。

(1) 標準の余白　　　　　　　　(2) 狭い余白

（3）広い余白

2. 「ユーザー設定の余白」を指定しましょう。
   上：30mm　下：30mm
   左：25mm　右：25mm

MEMO

「ユーザー設定の余白」を指定するときは「ページ設定」ダイアログボックスを使用します。

12.3 用紙サイズと印刷の向き

1. 「STEP12-3_入力.docx」を開き、印刷の「向き」や「サイズ」を以下のように変更し、ページのイメージを確認しましょう。

    (1) 横向き（A4）

    (2) 用紙のサイズ：A3

12.4 改ページ

1. 「STEP12-4_入力.docx」を開き、16行目に「改ページ」を挿入しましょう。

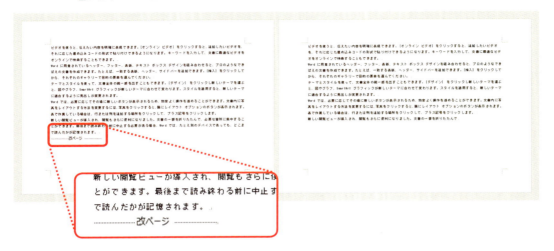

12.5 その他の印刷設定

1. 「STEP12-5_入力.docx」を開き、次の印刷の設定方法を確認しましょう。

   (1) 印刷部数
   (2) 出力先プリンター
   (3) ページを指定して印刷
   (4) 両面印刷
   (5) 1枚に複数ページを印刷

12.6 印刷設定と改ページの総合問題

1. 「STEP12-6_入力.docx」を開き、下図のように見開きページの印刷設定をしましょう。

＜手順＞

■ヘッダー：レトロスペクト
※「文書のタイトル」と「日付」を入力しましょう。

■フッター：レトロスペクト
※「作成者」を入力しましょう。

・用紙のサイズ B5
・用紙の向き .... 縦
・余白 .... 見開きページ

・22行目に「改ページ」を挿入

＜完成例＞

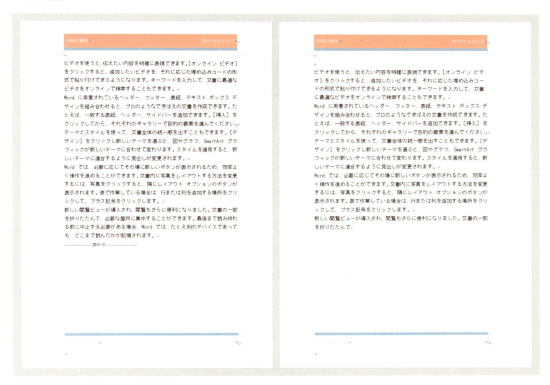

Step 13 総合問題

13.1 総合問題1

1. 「STEP13-1_入力.docx」を開き、下図のように文書を編集しましょう。

   ＜完成例＞

＜手順＞

(1) 「ページ設定」で余白を変更しましょう。上の余白を 30mm にしましょう。

(2) 「＊冬の宿泊プラン＊」のフォントサイズを 36pt、フォントの色を青、「中央揃え」にして「一点鎖線の下線」を設定しましょう。

(3) 「設定日」～「特典」の段落に次の設定をしましょう。
- 行間：1.5 行
- 任意の箇条書き
- 「設定日」「プラン内容」「特典」：4 字の均等割り付け

(4) 「ツインルーム .jpg」の写真を挿入しましょう。続いて、「文字列の折り返し」を「前面」に変更し、完成例を参考にしながら移動しましょう。

(5) 写真のサイズを変更し、図のスタイル「シンプルな枠、白」を設定しましょう。

(6) 写真の下に「横書きテキストボックス」を描き、「ツインルーム（イメージ）」と入力しましょう。フォントは「MS P ゴシック」、フォントサイズは 9pt にして、テキストボックスの塗りつぶし、枠線ともに「なし」を設定しましょう。

(7) 完成例を参考にしながら表を編集しましょう。
- 「東京」、「15,000 円」、「13,000 円」のセルを、それぞれ下のセルと結合
- 4 列目を追加し、1 行目に「ホテル特典」と入力
  2 ～ 6 行目に「カフェクーポン」または「ホテル特製菓子」を入力
- 列幅を次のように指定
  1 列目：20mm　　2 列目：50mm　　3 列目：36mm　　4 列目：42mm
- すべてのセルの文字配置を「中央揃え」
- 1 行目のセルに任意の「塗りつぶし」
- 「外枠」と「1 行目の下罫線」の太さを 3pt

(8) ページ下部に「四角形」の図形を 2 つ描き、文字を入力しましょう。
  ●左側の四角形
- 「塗りつぶし」を濃い青、「線の色」も濃い青にしましょう。
- 「お申込み（改行）お問い合わせ」と入力し、フォントをメイリオ、フォントサイズを 16pt にして「均等割り付け」を設定しましょう。
  ●右側の四角形
- 「塗りつぶし」を白、「線の色」を濃い青にしましょう。
- フォントの色は「黒、テキスト 1」にしましょう。
- 「株式会社 M＊Tours（改行）フリーダイヤル：0120-XXX-XXX」と入力し、フォントをメイリオ、フォントサイズを 16pt にしましょう。

(9) 2 つの「四角形」をグループ化し、位置やサイズを調整しましょう。

13.2 総合問題2

1. 「STEP13-2_入力.docx」を開き、下図のように文書を編集しましょう。

＜完成例＞

京都案内

Welcome to Kyoto

かつて日本の首都として文化の中心だった古都・京都。京都の神社仏閣と城がユネスコの世界文化遺産に登録され、街を歩けばその奥深さを味わうことができます。

長い歴史を持つ京都には、たくさんの魅力があります。世界文化遺産のお寺を訪ねたり、京料理を味わったり、京都ならではのお土産を探したりするのも楽しいですね。最近では、古民家に泊まったり、おしゃれなカフェめぐりをしたりすることも人気があります。

何度訪れても楽しい京都をご案内しましょう。

京都の世界文化遺産

清水寺	京都の人気のお寺。断崖にせり出す本堂の「清水の舞台」が有名。
金閣寺	正式名称は北山鹿苑寺。山々の緑を背景に金色に輝く姿が美しいお寺。
醍醐寺	豊臣秀吉が催した「醍醐の花見」で知られる桜の名所。
二条城	徳川家康が京都での居城として造営。豪華な桃山文化の宝庫。
東寺	五重塔は京都のシンボル。
龍安寺	石庭が有名な禅寺。
平等院	10円玉の図柄でもおなじみの鳳凰堂が有名。

京都の味

日本料理	伝統を受け継ぐ京料理の名店で和食を味わえる。
おばんざい	京都の伝統的な家庭料理、おそうざいのこと。
湯豆腐	京都の美味しい水を使って作られる京の名物。
漬け物	千枚漬け、柴漬け、すぐきの漬け物など。
パン	京都はパンの消費量が日本一。街中には美味しいパン屋さんが多数。
七味唐辛子	老舗の七味唐辛子の味は、それぞれ個性的。

改ページ

1

京都案内

京都の見どころ

京都鉄道博物館 → 蒸気機関車から新幹線まで展示。鉄道好きにはたまらない博物館。

錦市場 → 京都の台所として、野菜、肉、魚、漬物、おそうざいなどの店が並ぶ。

京都御所 → 明治時代までの天皇のお住まい。2016 年から通年無料公開。

伏見稲荷大社 → 訪日外国人に大人気の神社。朱色の鳥居が並ぶ千本鳥居が珍しい。

京都の祭り

祇園祭 → 7 月に行われる京都最大のお祭り。1 ヶ月にわたり様々な行事が行われる。

五山送り火 → 8 月に行われるお盆の行事。五山に火が灯され文字が浮かび上がる。

葵祭 → 5 月に行われる下鴨神社、上賀茂神社のお祭り。

時代祭 → 10 月に平安神宮で行われるお祭り。各時代の衣装が見どころ。

2

〈 手順 〉

（1）「ページ設定」を次のように変更しましょう。
- 余白：上下 30mm　左右 25mm
- 行 数：30 行

（2）1 行目にワードアートを挿入しましょう。ワードアートのスタイルは任意、文字は「Welcome to Kyoto」と入力しましょう。

Step 13　総合問題　**95**

(3) ワードアートの「文字列の折り返し」を「上下」に変更し、配置を「左右中央揃え」にしましょう。

(4) 「京都の見どころ」の前で「改ページ」をしましょう。

(5) 「京都の世界文化遺産」に次の書式を設定しましょう。

- フォント .... HGP ゴシック E
- フォントサイズ 16pt
- 段落後の間隔 .... 0.5 行
- 文字の背景の塗りつぶし .... 薄い緑

(6) 手順（5）で設定した書式を「京都の味」、「京都の見どころ」、「京都の祭り」にコピーしましょう。

(7) 「清水寺」～「平等院」の段落を選び、次の段落書式を設定しましょう。

- インデント .... 左インデント 1 字
- タブ .... 左揃えタブ 9 字を設定し、タブを挿入

(8) 手順（7）で設定した書式を、「日本料理」～「七味唐辛子」、「京都鉄道博物館」～「伏見稲荷大社」、「祇園祭」～「時代祭」の段落にコピーしましょう。

(9) 手順（8）の段落にタブを挿入しましょう。

(10)ヘッダーを挿入しましょう。「京都案内」と入力し、フォントを「游ゴシック」、フォントサイズを 10pt、「右揃え」を設定しましょう。

(11)フッターに「ページ番号」を挿入しましょう。「ページの下部」に「番号のみ 2」を設定しましょう。

13.3 総合問題3

1. 新規文書に、下図のように文書を作成しましょう。

＜完成例＞

＜手順＞

(1) 「ページ設定」を次のように変更しましょう。
   - 用紙：はがき
   - 印刷の向き：横
   - 余白：上下 10mm　左右 10mm

(2) [デザイン] タブにある「ページの色」で「塗りつぶし効果」を選択し、背景を設定しましょう。
   - 背景：薄い青と白の上下グラデーション

(3) 「海で BBQ」はワードアートを使用して、次のようなスタイルと効果を設定しましょう。
   - スタイル .... 塗りつぶし:青、アクセントカラー 5;輪郭-白;影（ぼかしなし）;青、アクセントカラー 5
   - 文字の効果 .... 変形 → シェブロン：上

（4）「夏は海！海と言えば、バーベキュー！」は「横書きテキストボックス」に入力し、次のように書式を設定しましょう。

●テキストボックスの書式
- 塗りつぶし .... なし
- 枠線 .... なし

●文字の書式
- フォント .... HGP 創英角ポップ体、18pt、赤色
- 配置 .... 中央揃え

（5）「リボン：上に曲がる」の図形を挿入し、以下のテキストを入力して、スタイルを設定しましょう。

8月3日（土）　12:00 ～ 15:00
海の公園バーベキュー場
¥2,500（飲み放題・食べ放題）
参加希望者は Web よりお申し込みください。

http://umino_kouenn/bbq_01/form

●図形の書式
- 図形のスタイル .... 塗りつぶし - 青、アクセント 1

●文字の書式
- フォント .... 游明朝、10.5pt、白色

（6）最初の 3 段落に「箇条書き」を指定し、「●」の行頭文字を表示しましょう。

（7）全体的なバランスを整えましょう。

MEMO

［デザイン］タブにある「ページの色」で「塗りつぶし効果」を選択すると、グラデーションの背景を設定できます。ダイアログボックスで詳細を設定します。

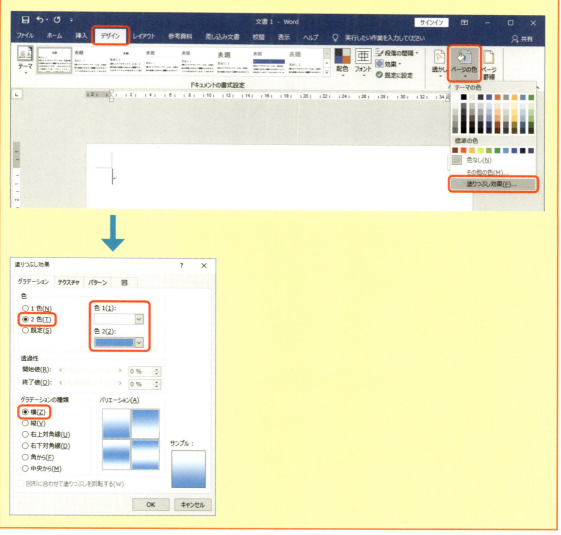

13.4 総合問題4

1. 新規文書に、下図のように伝言メモを作成しましょう。

＜完成例＞

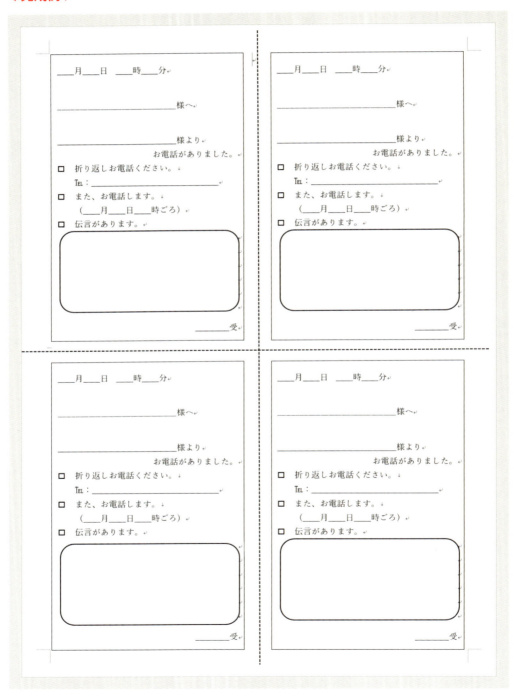

```
___月___日　___時___分

_____様へ

_____様より
　　　　　　　　お電話がありました。

☐　折り返しお電話ください。
　　　TEL：_____

☐　また、お電話します。
　　　（___月___日___時ごろ）

☐　伝言があります。

　┌─────────────────┐
　│　　　　　　　　　　　　　　　│
　│　　　　　　　　　　　　　　　│
　│　　　　　　　　　　　　　　　│
　│　　　　　　　　　　　　　　　│
　└─────────────────┘

　　　　　　　　　_____受
```

伝言メモの拡大図

〈 手順 〉

（1）「ページ設定」を次のように変更しましょう。
- 用紙：A4
- 印刷の向き：縦
- 余白：狭い

（2）縦横に「直線」を2本描画し、次のように書式を設定しましょう。
- 線の色：黒
- 線の太さ：1.5pt
- 実線／点線：点線（角）
- 縦線の配置：左右に整列
- 横線の配置：上下に整列

(3) 「横書きテキストボックス」を挿入し、下記のテキストを入力しましょう。「＿」は
アンダーバーです。

＿＿＿月＿＿＿日　＿＿＿時＿＿＿分

＿＿＿＿＿＿＿＿＿＿＿＿＿＿様へ

＿＿＿＿＿＿＿＿＿＿＿＿＿＿様より

お電話がありました。
折り返しお電話ください。
Tel：＿＿＿＿＿＿＿＿＿＿＿＿＿＿＿
また、お電話します。
（＿＿＿月＿＿＿日＿＿＿時ごろ）
伝言があります。
＿＿＿＿＿受

●テキストボックスの書式
・ 塗りつぶし .... なし
・ 枠線 .... 黒、0.75pt
●文字の書式
・ フォント .... 游明朝、10.5pt
・ 色 .... 黒

(4) 手順（3）で入力したテキストについて、以下のように段落の書式を設定しましょう。
・ ＿＿＿月＿＿＿日　＿＿＿時＿＿＿分 .... 間隔：段落前 0.5 行
・ ＿＿＿＿＿＿＿＿＿＿様へ .... 間隔：段落前 1.5 行
・ ＿＿＿＿＿＿＿＿＿＿様より .... 間隔：段落前 1.5 行
・ お電話がありました。 .... 配置：右揃え
・ 折り返しお電話ください。 .... 箇条書き：行頭文字 □
・ また、お電話します。 .... 箇条書き：行頭文字 □
・ 伝言があります。 .... 箇条書き：行頭文字 □
・ ＿＿＿＿＿受 .... 間隔：段落前 0.5 行、配置：右揃え

(5) 「＿＿＿＿＿受」の前で 5 行改行しましょう。続いて、「角丸四角形」の図形を挿入し、
以下の書式を設定しましょう。
・ 塗りつぶし：なし
・ 枠線：黒、0.75pt

（6）手順（3）の「テキストボックス」と手順（5）の「角丸四角形」を選択し、グループ化しましょう。グループ化した図形をコピーして、完成例のように貼り付けましょう。

（7）全体的なバランスを整えましょう。

ご質問がある場合は・・・

本書の内容についてご質問がある場合は、本書の書名ならびに掲載箇所のページ番号を明記の上、FAX・郵送・Eメールなどの書面にてお送りください（宛先は下記を参照）。電話でのご質問はお断りいたします。また、本書の内容を超えるご質問に関しては、回答を控えさせていただく場合があります。

情報演習 ㊹

留学生のための Word ドリルブック

2019年8月10日　初版第1刷発行

著　者　　横浜日本語倶楽部
発行人　　石塚 勝敏
発　行　　株式会社 カットシステム
　　　　　〒169-0073 東京都新宿区百人町4-9-7　新宿ユーエストビル8F
　　　　　TEL　（03）5348-3850　　FAX　（03）5348-3851
　　　　　URL　http://www.cutt.co.jp/
　　　　　振替　00130-6-17174
印　刷　　シナノ書籍印刷 株式会社

　　　　本書の内容の一部あるいは全部を無断で複写複製（コピー・電子入力）することは、法律で認められた場合を除き、著作者および出版者の権利の侵害になりますので、その場合はあらかじめ小社あてに許諾をお求めください。

本書に関するご意見、ご質問は小社出版部宛まで文書か、sales@cutt.co.jp 宛に e-mail でお送りください。電話によるお問い合わせはご遠慮ください。また、本書の内容を超えるご質問にはお答えできませんので、あらかじめご了承ください。

Cover design Y.Yamaguchi　　　　　　　　　　　Copyright©2019　横浜日本語倶楽部
Printed in Japan　ISBN 978-4-87783-797-6

ポイントをしぼったステップ学習

30ステップで基礎から実践へ！
ステップバイステップ方式で確実な学習効果をねらえます

留学生向けのルビ付きテキスト（漢字にルビをふってあります）

情報演習Ⓒステップ30
留学生のためのタイピング練習ワークブック Windows 10版　ISBN978-4-87783-800-3／本体800円

情報演習㊵ステップ30
Word 2016 ワークブック　本文カラー　ISBN978-4-87783-803-4／本体900円

情報演習㊶ステップ30
Excel 2016 ワークブック　本文カラー　ISBN978-4-87783-804-1／本体900円

情報演習㊷ステップ30
留学生のための PowerPoint 2016 ワークブック　本文カラー　ISBN978-4-87783-805-8／本体900円

情報演習㊹　留学生のための Word ドリルブック　本文カラー　ISBN978-4-87783-797-6／本体900円

情報演習㊺　留学生のための Excel ドリルブック　本文カラー　ISBN978-4-87783-798-3／本体900円

情報演習㊻　留学生のための PowerPoint ドリルブック　本文カラー　ISBN978-4-87783-799-0／本体900円

大判本A4判　情報演習㊸ステップ30
留学生のための Python [基礎編] ワークブック　ISBN978-4-87783-806-5／本体900円

タッチタイピングを身につける

情報演習Ⓑステップ30
タイピング練習ワークブック Windows 10版
ISBN978-4-87783-838-6／本体800円

Officeのバージョンに合わせて選べる

情報演習㉑ステップ30
Excel 2010 ワークブック
ISBN978-4-87783-826-3／本体800円

情報演習㉒ステップ30
PowerPoint 2010 ワークブック
ISBN978-4-87783-827-0／本体800円

情報演習㉓ステップ30
Word 2013 ワークブック
ISBN978-4-87783-828-7／本体800円

情報演習㉔ステップ30
Excel 2013 ワークブック
ISBN978-4-87783-829-4／本体800円

情報演習㉕ステップ30
PowerPoint 2013 ワークブック
ISBN978-4-87783-830-0／本体800円

情報演習㉖ステップ30
Word 2016 ワークブック
ISBN978-4-87783-832-4／本体900円　本文カラー

情報演習㉗ステップ30
Excel 2016 ワークブック
ISBN978-4-87783-833-1／本体900円　本文カラー

情報演習㉘ステップ30
PowerPoint 2016 ワークブック
ISBN978-4-87783-834-8／本体900円　本文カラー

Photoshopを基礎から学習

情報演習㉚ステップ30
Photoshop CS6 ワークブック
ISBN978-4-87783-831-7／本体1,000円　本文カラー

ホームページ制作を基礎から学習

情報演習⑬ステップ30
（新）JavaScript ワークブック
ISBN978-4-87783-817-1／本体800円

情報演習⑭ステップ30
HTML5 & CSS3 ワークブック
ISBN978-4-87783-821-8／本体900円

コンピュータ言語を基礎から学習

情報演習㉛ステップ30
Excel VBA ワークブック
ISBN978-4-87783-835-5／本体900円

情報演習㉜ステップ30
C言語ワークブック 基礎編
ISBN978-4-87783-836-2／本体900円

情報演習⑥ステップ30
C言語ワークブック
ISBN978-4-87783-820-1／本体800円

情報演習⑦ステップ30
C++ ワークブック
ISBN978-4-87783-822-5／本体800円

情報演習⑧ステップ30
Java ワークブック
ISBN978-4-87783-824-9／本体800円

情報演習㉝ステップ30
Python [基礎編] ワークブック
ISBN978-4-87783-837-9／本体900円

ローマ字一覧

あ行

あ	A ち	
い	I に	
う	U な	
え	E いい	
お	O ら	
ぁ	X さ	A ち
ぃ	X さ	I に
ぅ	X さ	U な
ぇ	X さ	E いい
ぉ	X さ	O ら

か行

か	K の	A ち	
き	K の	I に	
く	K の	U な	
け	K の	E いい	
こ	K の	O ら	
きゃ	K の	Y ん	A ち
きゅ	K の	Y ん	U な
きょ	K の	Y ん	O ら

さ行

さ	S と	A ち	
し	S と	I に	
す	S と	U な	
せ	S と	E いい	
そ	S と	O ら	
しゃ	S と	Y ん	A ち
しゅ	S と	Y ん	U な
しょ	S と	Y ん	O ら

た行

た	T か	A ち	
ち	T か	I に	
つ	T か	U な	
て	T か	E いい	
と	T か	O ら	
ちゃ	T か	Y ん	A ち
ちゅ	T か	Y ん	U な
ちょ	T か	Y ん	O ら

な行

な	N み	A ち	
に	N み	I に	
ぬ	N み	U な	
ね	N み	E いい	
の	N み	O ら	
にゃ	N み	Y ん	A ち
にゅ	N み	Y ん	U な
にょ	N み	Y ん	O ら

は行

は	H く	A ち	
ひ	H く	I に	
ふ	H く	U な	
へ	H く	E いい	
ほ	H く	O ら	
ひゃ	H く	Y ん	A ち
ひゅ	H く	Y ん	U な
ひょ	H く	Y ん	O ら

ま行

ま	M も	A ち	
み	M も	I に	
む	M も	U な	
め	M も	E いい	
も	M も	O ら	
みゃ	M も	Y ん	A ち
みゅ	M も	Y ん	U な
みょ	M も	Y ん	O ら

キーボード キーの働き一覧

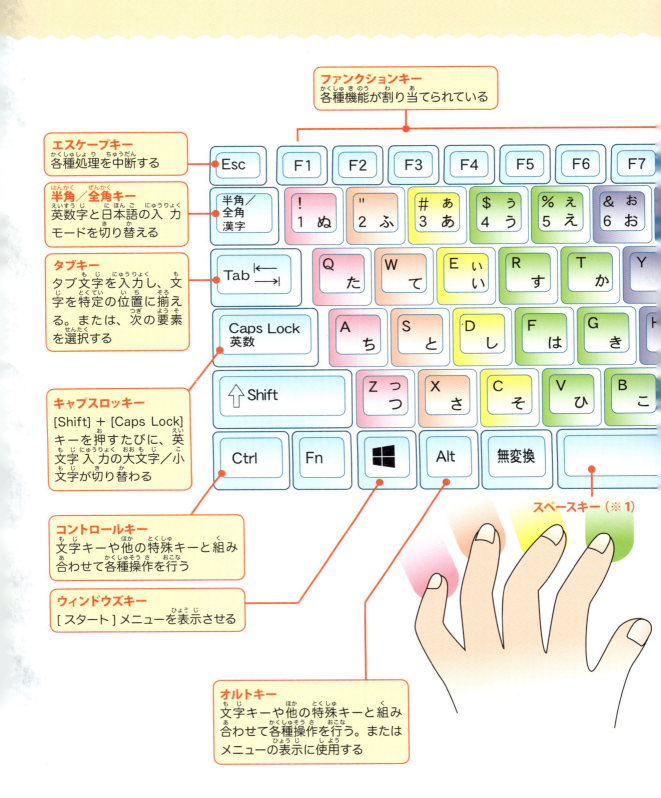